大展好書　好書大展
品嘗好書　冠群可期

大展好書　好書大展
品嘗好書　冠群可期

序　言

您是否有過不明原因卻歹運接踵而至的經驗？

任何人都想掌握幸運而避免歹運。同時，世上應該沒有渴望陷入不幸的人。然而卻有「好運的人」與「歹運的人」的區別。這也是不容置疑的事實。

諸如這般無法理解的神奇現象，即一般所謂的「運」。有些人常說自己「沒有運氣」，這是錯誤的觀念，世上並沒有天生歹運的人。事實上，並非運不好只是缺乏招至運氣的氣力而已。

任何人都有其運勢。認為自己沒有運氣的人，只是遺漏了運勢或沒有察覺到自己溜走了的運氣。

因此，無法掌握任何人都具有的運氣，是因為自己的氣力薄弱。若要掌握運氣，必須增強自己本身的氣力。那麼，該如何才能增強氣的力量呢？

首先必須選擇家相與自己所出生的星座相符的住宅。運氣好的人都是住在家相與自己出生的星座相合的房子，這的確不可思議。

相反地，做任何事都無法順遂的人，往往是選擇家相與自己的星座不合的房子，自然無法增強自己的氣力。當然，也無法掌握運勢。

家相對住在該屋子的人而言，如果不是吉相就毫無意義。譬如，任何人都認為「面向東南之門」是吉相。但是，對於辰年與巳年出生的人而言就是凶相。因此，家相是根據所住的人而分凶吉。

本書並不只單純地論述住宅的吉凶。以往的住宅風水之說往往被忽視住在其屋內的人，只根據家的外型來判斷吉凶。本書是以居住在屋內的人為中心，論說如何使運氣轉好的住宅。請各位讀者不要只是抱怨自己的運氣不好，要能坦率接納別人的指引，盡速糾正不好的地方以掌握運勢。同樣過一個人生何不讓自己的人生過得幸福而有意義。

目錄

第二章 由方位決定家相

第三章　格局方位的吉凶與對應法

第四章 招福納運的住宅建築與選擇法

第五章　化凶為吉的方法

第一章 住宅家相的基本知識

家相的基本觀念

不論古今中外，任何人都渴望能過著幸福快樂的人生。當然，您也是其中一位吧！

要過著幸福快樂的人生，必須有相當的努力。但是，你的周遭應該也有再怎麼努力也無法獲得幸福的人。

這是為什麼?雖然無法一概而論，然而住宅家相佔極大比例，是無可否認的事實。渴望出人頭地、在社會上佔有一席之地的人，磨練自己的才能乃是必要條件，但是，除此之外還必須使自己的「運」轉好。

所謂的「運」會根據自己周遭環境而變好或變壞。總而言之，如果有適合自己的環境，「運」自然也會轉好。這裡所謂的「環境」，並非一般所指的自然現象，而是「與自己出生的星座相符合的環境」。

使運勢轉好的第一個條件是讓自己周遭的環境變好。環境中包括人際關係、家人組成、食物、場所等，而其中之一就是個人的「家」。

住宅對自己必須是成為吉相的家。「家的外型」是吉相和「自己所住的家」是吉相並不相同。請各位不要附和雷同。追根究柢必須以自己為中心來考量。

請看下面這個例子。有一位一九五二年出生（壬辰年、三碧木星）的上班族有如平步青雲般地出人頭地，結果在朋友的遊說下購買房子。

朋友告訴他說：「那房子曾經住一位事業相當成功的人，雖然是八年的中古屋，卻是機緣極好的房子。當然，我也仔細調查他的家相，確實是吉相。」

這位上班族雖然並不在意家相的問題，卻也知道鬼門與巽位玄關之類的注意點。那棟房子雖然東邊有缺，卻沒有鬼門的問題，同時，大門也是面向東南的吉相。當事者也想受前住者的庇蔭而獲致成功，於是搬了過去。

但是，住進新房之後，本來個性溫和的他卻突然變得難以相處，動輒發怒。當然工作也不順遂。就在那個時候本來被認定必可升為經理，卻不知何故，不再有升遷的機會。那是搬家兩年後的事情。

一般認為「巽的玄關」是吉相，但是，這位上班族並不知道如果把大門設在自己出生年的十二支的方位上時，就變成凶相。而且，東邊的凹缺正是自己出生的星座三碧木星的方位。如此一來，無法伸展運勢也是莫可奈何。也許對前住者而言是棟吉相的房子，然而對這位上班族而言，卻變成凶相的家。

如前述家相必須以住在該屋的人為中心來考慮。因為，根據住的人會改變家相的凶與吉。

若要活用家相，必須先認識自己出生的星座方位，亦即十干、十二支、九星之間的關係，再思考如何建造或找尋與自己相合的房屋。

如何找出家的中心

觀看家相時首先必須做的是找出家的中心。一般必須根據正確的設計圖來找家的中心，淺顯地說是依據地基的外圖來測量。

找出家的中心時，原則上是除去外凸的部份，填補其凹缺部份再從中測定。也可不管外窗等的凹凸。

最近由於建築技術的發達，有許多設計精湛的房子，因此，希望各位不要弄錯了家的中心位置。最具代表的是L型的房子，這種形狀的房子由於家的中心已跑到戶外，所以已變成凶相之家。

判定家相時是以家的中心和正北方為基軸，因此，如果家的中心不正確則一切就混亂無秩。

有關家的中心的找尋法，請參考十六、十七頁的圖解說明。

如何找出二樓以上房子的中心

二樓以上的家的中心是分層尋找，換言之，一樓有一樓的中心，二樓有二樓的格局。如果一樓與二樓的建築物面積相同倒無問題，然而一般的住宅一樓與二樓的面積多半有所不同。因此，家的中心也會有所出入。

在此希望各位注意廁所、廚房、浴室等，在家相中被認為是不淨之物搭建在二樓的情況。其中必須特別注意的是二樓的廁所。廁所不論是在一樓或二樓都是難以應付的傢伙。尤其是位於鬼門與正中線上則是大凶相。二樓的廁所第一個條件是從二樓的中心看來不可變成凶相。非但如此，從一樓的中心看來也不能成為凶相。

尤其一樓與二樓的中心有所出入時，更要特別留意。雖然從二樓的中心看來洗手間是屬於吉相的位置，卻可能從一樓的中心看來變成凶相。

除此之外，也不可把廁所等不淨的場所擺在神壇或佛堂之上。同時，位於大

找出家中心的方法①

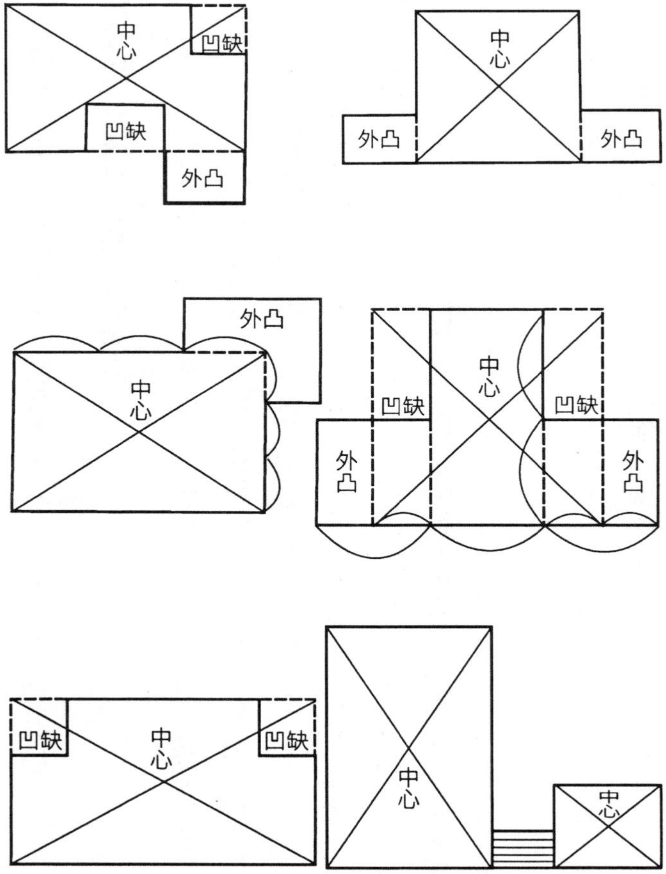

太大的外凸部份會使兩側變成凹缺。

以中走廊將住宅二分化時，家的中心各不相同。

找出家中心的方法②

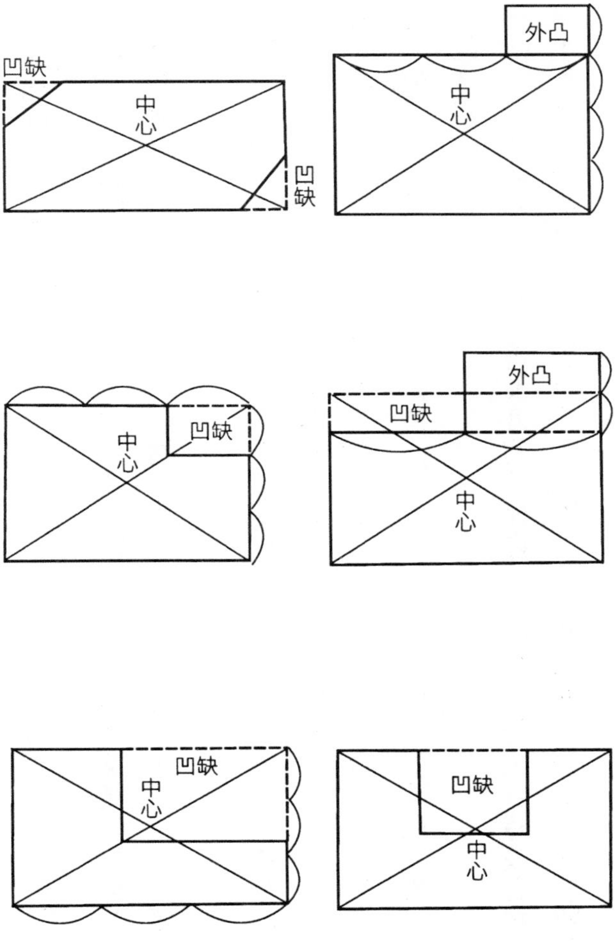

門上方的廁所也應避諱。最好把不淨的場所放在一樓。

房屋外凸與內凹的意義

房屋的外凸與內凹部份是判定土地或建築物吉凶時的重要關鍵。如果是土地會根據房屋的建築方式而成為吉相，不過，房屋會直接影響家運，請務必慎重處置。

家相中有判定房屋的外凸與內凹部份的基準。如十九頁圖所示，建築的外壁部份往外凸的部份稱為「外凸」，縮進屋內的部份稱為「內凹」。

所謂「外凸」，是指凸出建築物一邊長度的三分之一以內的部份。有些人認為外凸越大越好，事實並不盡然。如果凸出基準以上的面積，兩邊反而變成「內凹」，因此必須注意。

「內凹」是指縮入建築物一邊長度的三分之一以內的部份。有時沒有做正確的測定而建築外凸的部份，結果反而造成整體房屋上的內凹，因此，必須特別地留意。

雖然不可一概而論，不過，一般的觀念是外凸屬於吉相、內凹則是凶相。不

住宅的外凸、凹缺算定法

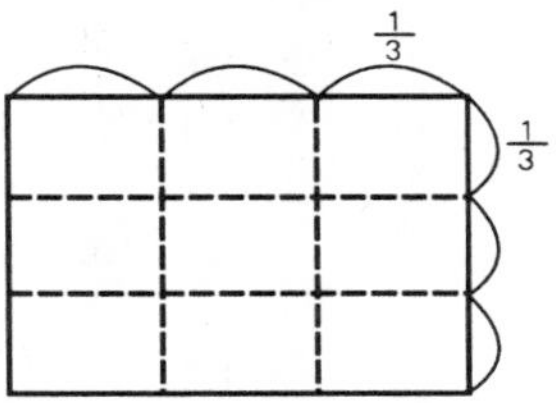

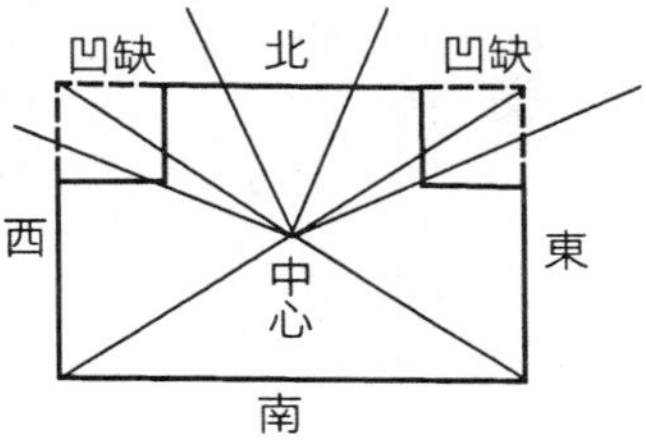

⊙不是北邊的外凸而是西北和東北的凹缺。

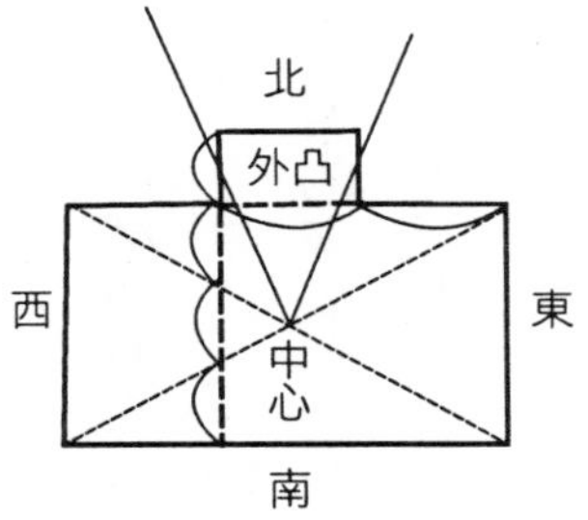

⊙北的外凸

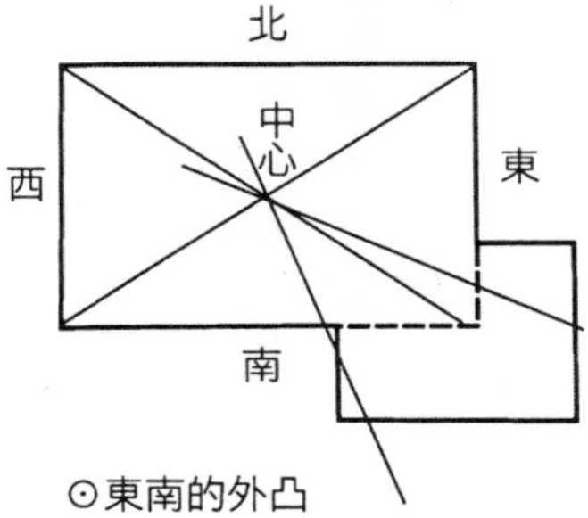

⊙東南的外凸

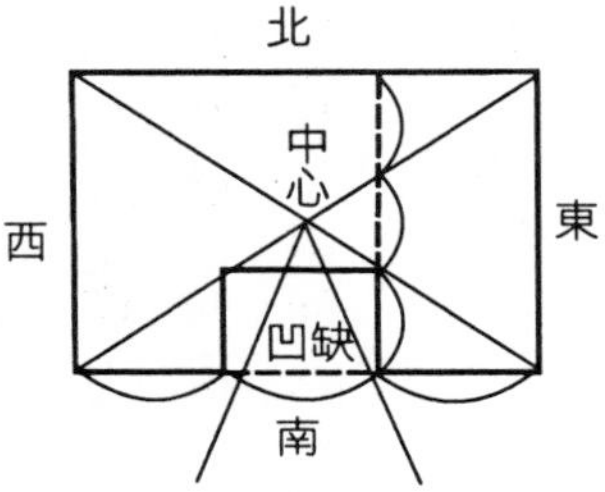

⊙南的凹缺

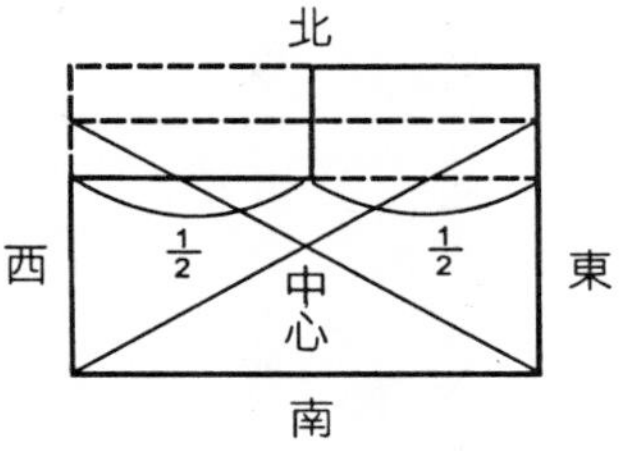

⊙不是外凸也不是凹缺

過，東北的表鬼門與西南的裏鬼門的外凸則變成凶相。當然，內凹也是凶相。以鬼門為例，兩鬼門最好都無凹凸、出入口、不淨物。

那麼，成為吉相的外凸是指什麼情況？最好的是自己所出生的星座方位。

譬如，若是酉年出生的七赤金星的人，如果在把屋子的外凸擺在西邊的方位會加強財運。相反地，如果西邊的方位有內凹時，會因金錢周轉不靈而有告貸之苦。再怎麼努力也無法在社會上有所發展。

有人問，如果鬼門的方位正是自己出生的星座時該怎麼辦？當然不可將鬼門外凸出屋外。

然而對申年出生的二黑土星的人或寅年出生的八白土星的人而言，西南和東北的鬼門正是自己出生的星座。

碰到這樣的情況，只要把外凸的部份擺在福線上的東南或西北的位置。因為位於連接東南與西北線上的外凸能招福。

建築物的凹凸，對運勢的影響遠勝過健康面，因此，渴望有強運的人建議您住在有外凸的房子。

鬼門的由來與家相上的鬼門

表鬼門與裏鬼門是迷信嗎？

隨著科學技術的進步，到處可見摩天大樓的現代，似乎有不少人認為「鬼門」之說是迷信。但事實上，一旦面臨蓋房子的問題時，卻有許多人非常在意這個問題。

即使無視家相重要性而建造房子的人。一旦搬進新家之後染患疾病或工作無法順遂時，又認為也許是鬼門的作祟。

幾乎已成一切歹運代名詞的「鬼門」是否確實有其真正的根據？

在此無意詳述鬼門的由來，不過，簡單地說明何以侵犯鬼門會招致禍害的問題。

鬼門的原理是源自中國占星術中的天門論。

立春時（二月四日的立春是一年的開始）在丑寅方向所出現的星座是二十八

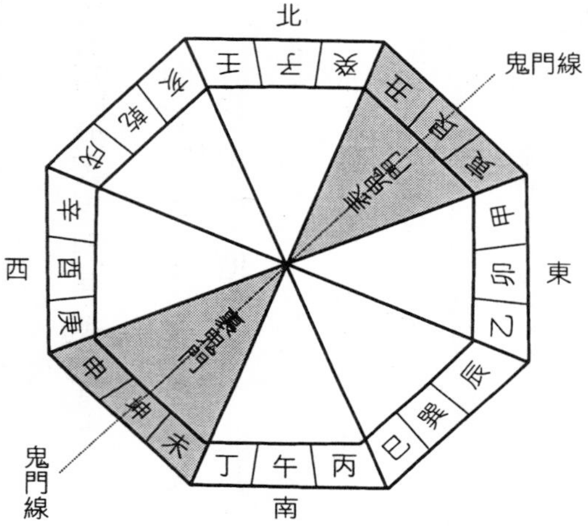

在鬼門和鬼門線上忌諱設置用水處、玄關、門

宿星座中的「鬼宿」星座。因此，丑寅被認為是鬼宿的定位。而在不知不覺中變成天門鬼宿，最後簡稱為鬼門。

換言之，鬼門是指惑星通過的場所，亦即，是自然界眾多諸神所通過的管道，因此，乃是神聖的場所，在神聖的場所是忌諱擺置不淨之物的。同時，必須隨時保持這個場所的清靜。由此可見，「鬼門」確非憑空捏造。

所謂鬼門，是十二支中所指的丑、寅的方角和未申的方角，丑寅的方角稱為表鬼門，與其反方向的未申是裏鬼門。

那麼，在家相中鬼門是如何的定位呢？

家相中對鬼門的解釋並非因它是眾

多諸神通過的管道，必須經常保持清靜。而是著重於它乃是陰陽交替的方角。陰陽之氣交會的場所會使氣流停滯，因此，如果放置不淨之物很容易使空氣腐敗。

家相的基本是使自然界的氣流和氣的能量維持正常，從而使居住其內的人有利。因此，不可放置擾亂氣的廁所、浴室、廚房等場所，必須經常保持乾淨。

基於上述的理由，只要不忽視鬼門的禁忌並不需要過度的畏懼。如果當做房間使用可以做為客廳、書房、寢室，尤其是丑寅的表鬼門做為孩子的書房，會增強集中力而使成績蒸蒸日上。

如果認為那是迷信也無所謂。但是，姑且不論信與不信，也不應特意在被認為禁忌的鬼門上蓋廁所。您認為如何呢？

避免正中線、四隅線、鬼門線上

貫穿八方位中心的線，以方角而言各是正中線、四隅線、鬼門線。如二十四頁圖所示，通過南北與東西中心的線稱為「正中線」。通過東南與西北、東北與西南的四十五度中心的線稱為「四隅線」。

通過東北與西南的鬼門中心的線特稱為「鬼門線」。

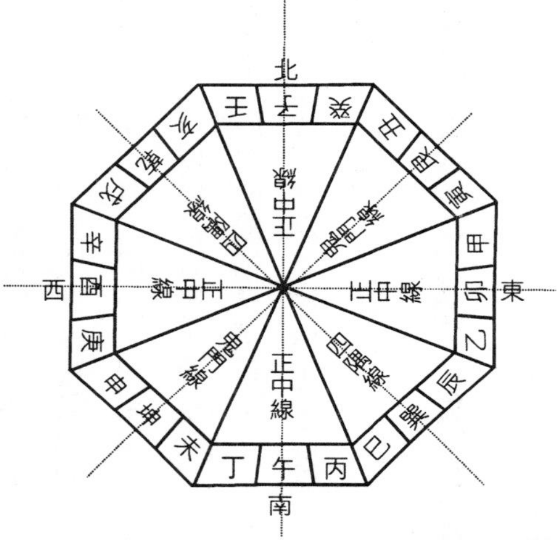

在正中線、四隅線、鬼門線上忌諱設置家相中的禁忌物

家相中最容易招致禍害的就是正中線、四隅線、鬼門線上。但是，即使是在意家相的人也很容易疏忽這些應該忌諱的方位。

雖然這些名詞也許鮮為人知，不過，請務必謹記它們是判斷家相或地相凶吉的重要關鍵。

那麼，該如何來處理正中線、四隅線、鬼門線上呢？

首先，必須注意的是絕對不可在這些線上設置廁所、淨化槽、浴槽、瓦斯爐、蒸氣爐等。另外，門、玄關也是凶相。

在此必須注意的是，雖然一般位於東南與西北方位的門、玄關是為吉相，但是，當門或玄關的開口部位於四隅線上時會變成凶相。有許多人只注意東南的玄關是否為吉相而沒有留意到四隅線，請務必小心。

在那些場合無礙呢？如果是書房、寢室、客廳、儲藏室等就不必掛慮。

總而言之，家相三大凶中的水源、火氣、出入口，絕對不可放在正中線、四隅線、鬼門線上。不過，在判斷吉凶之前必須正確地找出八方位。如果弄錯方位也可能把吉轉為凶了。

家相的方位與正確採位法

正確的正北方採位法

觀看家相時，最基本的是家的中心與正北方。如果這兩點不正確，家相的八方位就會出現紊亂。以不正確的方位觀看家相並無任何意義。

家相中所謂的正北，是連接地球北極點與南極點的子午線的子的方位。並非磁石所指的磁北。一般人以為子的方位的北和磁石的北是一致的，然而實際測量即可發現其中誤差。那是因為地磁氣的影響。其中所出現的誤差稱為偏差，其角度稱為偏角。

偏角會因地域而有所差別。亦即，從磁石所指的北方往東方傾斜的方位，就是家相的正北。

也許有人認為這一點誤差並不會構成問題！然而觀看家相時，以正北為基準找出八方位，因此，些微的誤差也會

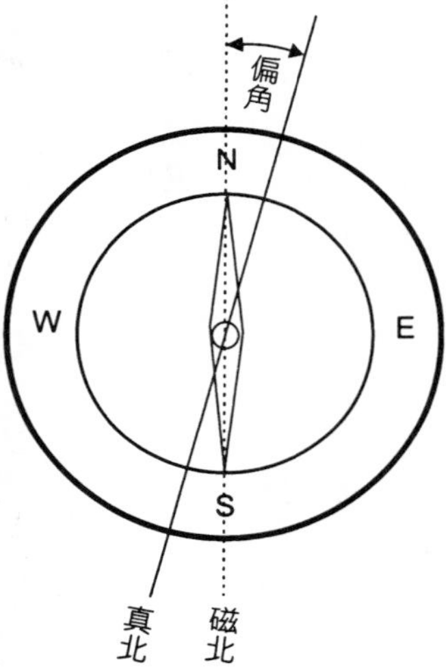

產生影響。如果八方位不正確，也會使吉凶的判定出現差誤。

那麼，何以家相的正北並非磁北而是子午線上的子方位？這是根據家相原點的陰陽說、五行說等宇宙法則而產生的十干、十二支、九星為基軸的緣故。

家相的二十四山方位盤

有關家相的方位有各種說法，其中還有完全相反的見解。但是，基本上的法

則是不變的。即使出生星座不同的人也都不可在家相的基本的正中線、四隅線、鬼門線上設置不淨的場所。除此之外，方位根據所出生的星座多少有所改變，因此，也許並不完全依照二十八頁圖所示。

在此所舉的家相的二十四山方位的吉凶僅供參考，請務必設計適合自己的吉相的家。但是，必須注意的是即使家相是吉相，然而以自己本身為中心來考量時恐怕未必是吉相。

家相八方位的「運」掌握法

家相的八方位，各因其方位有不同的職務。譬如，北的方位有貴子運、南方有人緣運、西方有財運，各方位有其不同的運勢。詳情如三十頁圖所示。

各位注意，即使渴望擁有財運而使西邊的方位的財運變成吉相，也不一定能獲得好結果。任何運勢光憑一個方位的吉相是無法使運勢好轉。相反地，一個方位的偏差就足以使幸運消失。

運勢走失乃是輕而易舉的事，然而若要使運勢好轉，卻必須有各種要素的配合。要使財運轉好當然必須使掌握財運的西的方位成為吉相。同時，還必須使自

家相的二十四山方位盤

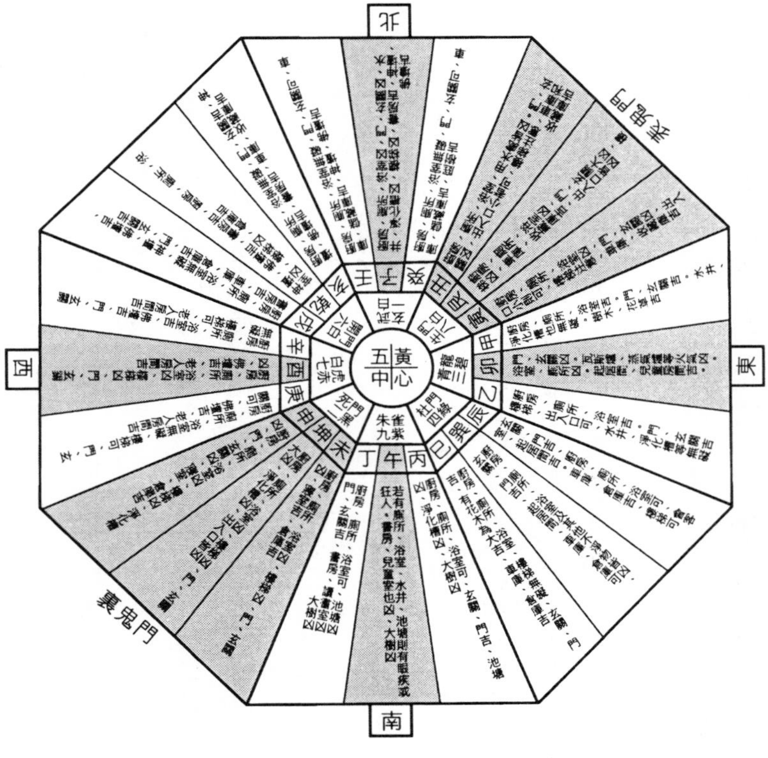

▨……所有的人共通的現象

□……根據出生星座而有所變化

己出生的星座的九星和十二支的方位也成吉相，否則無法受財運之惠。如果自己出生年的十二支的方位上有廁所，乃是致命的凶相。以財運而言，可能必須另尋他業，不過，內情頗為複雜在此不做深入研討。

若要招致幸運，首先必須使自己所渴望運勢方位成為吉相。使自己出生星座的九星方位與十二支的方位成為吉相。如果能遵守這二點，即可減少苦勞而招致幸福。相反地，如果這二點成為凶相，再怎麼努力也無法獲得回報。即使獲得回報也只是暫時或事後會後悔的情況。

譬如，婚姻運與家相方位之間的關連性和工作運或人緣運不同，是無法努力而獲得，因此，其影響力極大。

極端地說，素昧平生的人，某天某時因偶然的遇合而結合在一起的結婚。人與人之間的遇合並非因努力而得來，而是深受運的能力所左右。

如果有人到達適婚年齡而一直沒有決定婚事，必須先調查一下家相。原因雖然有許多，卻不可忽視家相的凶吉。

以往一般人認為只要使東南的方位成為吉相就能擁有婚姻運。但是，只是讓東南方位成為吉相也於事無補。

家相八方位的納運法

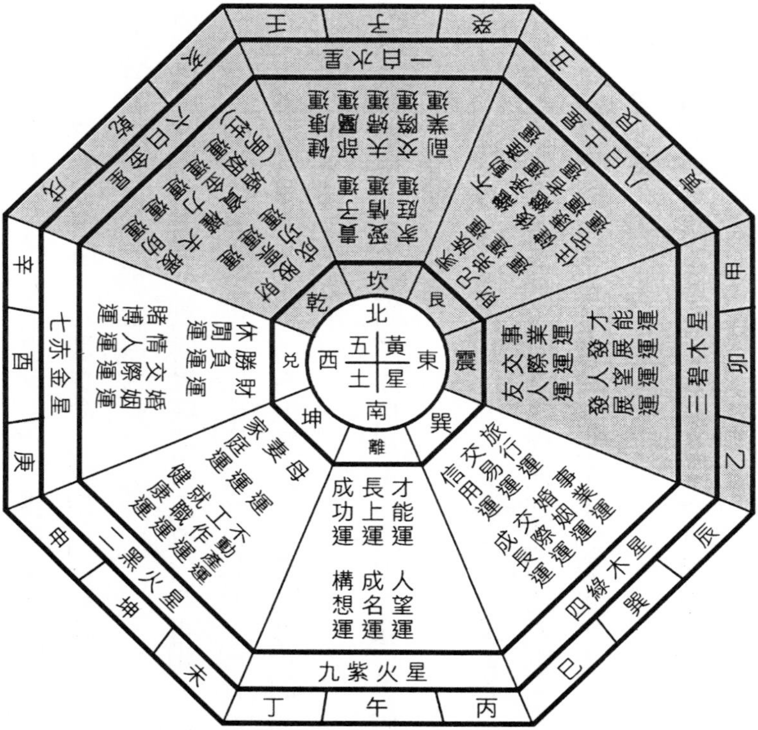

▨……是凶相時具有男性的運勢會變差的傾向
□……是凶相時具有女性的運勢會變差的傾向

以女性而言，當然必須東南方位成為吉相，如果西的方位與自己出生星座方位不是吉相，則無法獲得良緣。若是男性，自己出生星座的方位與東、東北、北的方位都不是吉相，則會造成婚姻上的障礙。不過，如果是單身男子，只要西北的方位和自己出生星座的方位是吉相就足夠。

若要使家相能招致強運，必須設計適合居住者的房屋。首先，必須考慮使全家人的出生星座的方位都是吉相。其中最重要的是，不可在十二支的方位建築浴槽、瓦斯爐、淨化槽、水井、池塘等。

如果有女兒的家庭，若能設計從家的中心點看來的東南、南、西南、西的方位都成吉相則能使運勢轉好。有適婚年齡的女兒的家庭，必須注意不可在西的方位建築廁所等與水相關的場所。

相反地，有兒子的家庭，最好東、東北、北、西北的方位成為吉相，較能招致好運。一人獨居的單身漢，如果西北的方位不是吉相則無法成婚。

不僅是婚姻的問題，以上乃是有運勢的共通點，因此，千萬要重視自己所出生星座的方位。

出生年速見表

出生年	干支	九星	出生年	干支	九星	出生年	干支	九星	出生年	干支	九星
西元 1926年	丙寅	二黑	1949年	己丑	六白	1972年	壬子	一白	1995年	乙亥	五黃
1927年	丁卯	一白	1950年	庚寅	五黃	1973年	癸丑	九紫	1996年	丙子	四綠
1928年	戊辰	九紫	1951年	辛卯	四綠	1974年	甲寅	八白	1997年	丁丑	三碧
1929年	己巳	八白	1952年	壬辰	三碧	1975年	乙卯	七赤	1998年	戊寅	二黑
1930年	庚午	七赤	1953年	癸巳	二黑	1976年	丙辰	六白	1999年	己卯	一白
1931年	辛未	六白	1954年	甲午	一白	1977年	丁巳	五黃	2000年	庚辰	九紫
1932年	壬申	五黃	1955年	乙未	九紫	1978年	戊午	四綠	2001年	辛巳	八白
1933年	癸酉	四綠	1956年	丙申	八白	1979年	己未	三碧	2002年	壬午	七赤
1934年	甲戌	三碧	1957年	丁酉	七赤	1980年	庚申	二黑	2003年	癸未	六白
1935年	乙亥	二黑	1958年	戊戌	六白	1981年	辛酉	一白	2004年	甲申	五黃
1936年	丙子	一白	1959年	己亥	五黃	1982年	壬戌	九紫	2005年	乙酉	四綠
1937年	丁丑	九紫	1960年	庚子	四綠	1983年	癸亥	八白	2006年	丙戌	三碧
1938年	戊寅	八白	1961年	辛丑	三碧	1984年	甲子	七赤	2007年	丁亥	二黑
1939年	己卯	七赤	1962年	壬寅	二黑	1985年	乙丑	六白	2008年	戊子	一白
1940年	庚辰	六白	1963年	癸卯	一白	1986年	丙寅	五黃	2009年	己丑	九紫
1941年	辛巳	五黃	1964年	甲辰	九紫	1987年	丁卯	四綠	2010年	庚寅	八白
1942年	壬午	四綠	1965年	乙巳	八白	1988年	戊辰	三碧	2011年	辛卯	七赤
1943年	癸未	三碧	1966年	丙午	七赤	1989年	己巳	二黑	2012年	壬辰	六白
1944年	甲申	二黑	1967年	丁未	六白	1990年	庚午	一白	2013年	癸巳	五黃
1945年	乙酉	一白	1968年	戊申	五黃	1991年	辛未	九紫	2014年	甲午	四綠
1946年	丙戌	九紫	1969年	己酉	四綠	1992年	壬申	八白	2015年	乙未	三碧
1947年	丁亥	八白	1970年	庚戌	三碧	1993年	癸酉	七赤	2016年	丙申	二黑
1948年	戊子	七赤	1971年	辛亥	二黑	1994年	甲戌	六白	2017年	丁酉	一白

第二章

由方位決定家相

家相的八方位所呈現的吉凶現象

判斷家相吉凶的基本乃是八方位。如果這個方位出現差誤，則無法做正確的家相判定。

一般人所知的是家相的八方位。全角三六〇度分割成八個部份，以四十五度為一個區分，分成東（震）、西（兌）、南（離）、北（坎）、東北（艮）、東南（巽）、西南（坤）、西北（乾）等八方位。

這八方位再加上子、丑、寅、卯……等十二支和甲、乙、丙……等十干而區分為二十四等分。就是所謂的「二十四山方位」。

從三十五頁的圖即可明白，東的方位有甲、卯和乙三項，西有庚、酉和辛，南有丙、午和丁，北則有壬、子和癸，各方位還有各十五度的區分。

同樣地，東南有辰、巽、巳，西南有未、坤、申，東北有丑、艮、寅，西北有戌、乾、亥，各個方位各有十五度的等分，而形成家相的二十四山方位。這個方位盤是詳細診斷家相時不可或缺的指南。

家相的八方位盤

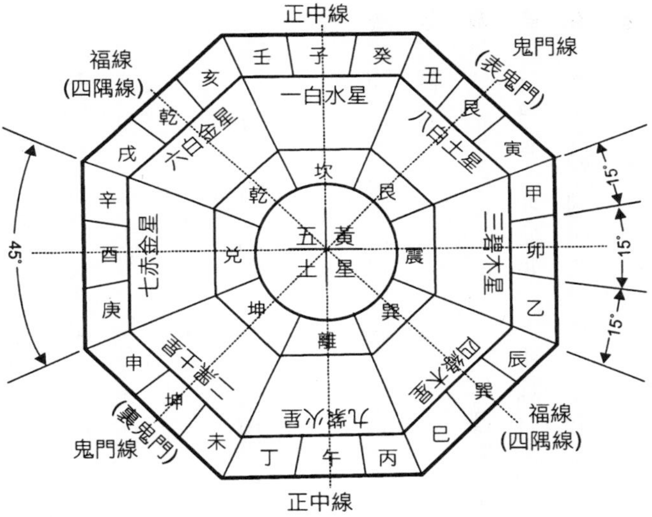

同樣一個家相也會因居住者的不同而變成吉相或凶相。這時做為憑藉的就是二十四山方位盤。

那麼，該如何使用方位盤以判定家相呢？請先準備一張正確的房屋設計圖。如果沒有房屋的圖面，可將磁石放置在家的中心以找出八方位。但必須留意其正確性。

其次，找出家的中心。找出家的中心的方法如前所述，除去外凸部份包含內凹部份在圖面上找出中心。決定中心之後再正確地測量正北方。

當家的中心與正北的位置決定之後，方位盤的中心與圖的中心重疊。方位盤的北與圖的正北位置相合後，就可以知道正確的八方位。

八方位位置決定後，就可以判斷各方未出現的凶吉，通常外凸是吉，內凹是凶。但也有例外，請注意東北的表鬼門與西南的裏鬼門會造成凶相。

根據八方位，所出現的現象也不同，現在就依據方位的不同，詳述其吉凶現象。

東（震）方位所出現的吉凶現象

吉現象

- 家運變強，小孩也能健康成長。
- 有朝氣、美滿幸福家庭。
- 聲樂家、藝人、演員……等職業者更有人氣。
- 具有勇氣、判斷能力，遇到再大困難也不灰心。
- 為達成更好的目標，會更加努力。
- 對於新事業、新開發事務，能力發揮淋漓盡致。
- 交友範圍變廣。

●擁有更多「機會」。
●頭腦更靈活。
●社交手腕更靈活。

凶現象

●長男態度處世變差，造成離家。
●長男對於繼承家業感到厭惡。
●自我主張強烈，人際關係不好。
●無活力，家運漸漸衰退。
●漸漸喪失向上心。
●很容易染患神經衰弱等因壓力所造成的疾病。
●很容易遭遇火災、車禍、突發事故。
●學習能力降低，很容易成為心浮氣躁的孩子。
●無法擴展事業或工作。
●人際關係上的糾紛變多。
●難以交朋友，或者結交不良的朋友。

西（兑）方位所出現的吉凶現象

吉現象

●受財運與人脈之惠。
●在各方面會受周遭人的援助。
●正業以外的工作也能獲得收入。
●經濟安定，因而精神上也出現餘裕。
●成為開朗而愉快的一家和樂的家庭，來客也增多。
●具有財運、人脈運，在錢滾錢下而成為資產家。
●女性可遇良緣獲得幸福。
●男性深受女性歡迎。不過，不會變成不純的交友關係。
●工作與休閒相得益彰，成為可以享受遊樂的快樂家族。

凶現象

●具有渴望過著與身份不相稱的生活傾向。
●怠惰正業而熱衷於遊樂或賭博。

●婚事難成，可能晚婚。
●不平不滿增多，家庭內的爭吵不斷。
●沒有財運。會有告貸之苦。
●很容易產生散財、惡貧、爭執、損失等的災禍。
●因為金錢與女性問題的糾紛使家庭面臨崩裂的危機。
●主要是女性引起的災禍。
●一切榮華富貴僅止於一代。
●由於氣力不足而失去幹勁，會一再轉職。

南（離）方位所出現的吉凶現象

吉現象

●腦筋、感覺變得敏銳。
●在知性範圍上獲得認可，博得地位與名聲。
●公家機構的工作較為有利。
●由於感覺變得敏銳，若能以創見一決勝負，前途無量。

●受上司或前輩提攜，節節往上升等加級。

●向上心越來越旺盛。

●具備美的品味。

●藝術家或作家等，以人緣為業的人越來越有人氣。

●具備掌握先機的先見之明，事業等能順利發展。

凶現象

●很容易變成虛榮、虛勢。

●由於自我顯示慾越來越強，在工作上或人際關係上的摩擦也越來越多。

●對芝麻蒜皮小事也會感情用事。

●很容易喪失名聲、名譽或地位。

●常有精神障礙、視力障礙、心臟病等的煩惱。

●很容易造成色情問題。

●很容易逢詐欺、盜難、火災、爆發事故。

●因公文或印鑑等原因而遭逢災難。

●由於做他人的保證人，而背負欠債或因逃稅被揭發。

●會變成討厭讀書的兒童。

北（坎）方位所出現的吉凶現象

吉現象

●夫婦感情圓滿，有良好子孫。

●身體健康、凡事都具有堅強的忍耐力。

●事業或工作是屬於細水長流的發展型，因而並不特別顯著。

●表面樸素而不顯眼，因此，即使有高收入也不會被稅務機關盯牢。

●正業以外的副業也能獲致成功。

●擁有良好的部屬或傭人。

●不論在任何環境都可以和任何人和平相處，是擅長處事的人。

●內斂而不突出，因此，受長輩的青睞與提攜。

●擴展人脈，對工作有正面的影響。

●雖然表面樸素內在卻充實。

●沒有遭逢盜難的煩惱。

凶現象

●很容易造成色情問題。
●沒有子孫福。即使生育兒女也是病弱兒。
●夫婦關係發生齟齬，離婚率增高。
●容易生病。尤其是容易染患腎臟病、婦女病、泌尿器系的疾病。
●不僅無法掌握良好的部屬或傭人，留存率也差。
●容易受小偷覬覦，經常遭逢盜難事故。
●常有經濟上的辛勞，為告貸而奔走。
●會與不良朋友接觸。
●交涉事情會在途中碰到挫折。

東北（艮）方位所出現的吉凶現象

吉現象

●家人的團結力增強。
●實質勝於虛名的實質主義變強。

●與有經濟能力者結緣，具有與長男或有家產的女兒結合的傾向。
●經濟安定，財力越來越雄厚。
●與親戚和平相處，也能受到他們的援助。
●財產繼承問題妥善解決，子孫會繼承家業。
●勞動意慾旺盛，是個幹勁十足的人。
●不浮華浪費。多少具有吝嗇的傾向。
●與土地、山林、房屋等不動產關係有極深的緣份。
●能擁有忠心的部屬或傭人。

凶現象

●因財產繼承問題吃足苦頭。
●無法留住傭人或部屬或受其牽連惹上麻煩。
●沒有後繼者，榮華富貴只限於一代。
●難以得子，即使生子也是病弱之軀。
●具有病人陸續出現的傾向。
●容易變更住所或職業。

●女性變強，容易成為女系家族。
●家運日漸衰微。
●無法維持父母所遺留的財產。因酒色或股票喪失財產。
●突顯頑固或剛愎的性格，因此，令同伴敬而遠之而孤立。

東南（巽）方位所出現的吉凶現象

吉現象

●獲得社會的信賴與信用，事業得以發展。
●經濟安定，福星高照而使得家運日益興隆。
●人脈廣闊，獲得長上的提攜而嶄露頭角。
●與遠方的交易能順利進行。
●所有的事物都能有利地運轉而達到成果。
●交涉事項一切順利成功。
●經濟安定，能夠建立健全的家庭。
●客人出入頻繁，能掌握有利的情報。

●受良好的人際關係之惠，社會地位也安定。
●女性可獲良緣，能夠擁有幸福的婚姻。
●福星高照。

凶現象

●失去社會信用，工作難以推展。
●交際費一再支出卻無法達到實績。
●雖然有工作卻無實質利益或多半招受損失。
●本來可望成功的生意或婚事，最後都無疾而終。
●由於家庭不和而常有分居、離婚的情況。
●無法招致幸福。
●人際關係不和諧。
●沒有幫助自己的協助者。
●家運漸漸衰微。

西北（乾）方位所出現的吉凶現象

吉現象

●丈夫成為一家之主的寶座穩若泰山。
●擁有地位與權力，博得名聲並建立龐大產業。
●上班族能平步青雲。
●事業家能善用部屬，使其獲致成功。
●勝負運變強。
●男女都能結成良緣。
●父權固守，妻從夫、子敬親、建立理想的家庭。
●身心都健全，認真工作。
●在公事上較能發揮能力勝於私事。
●具備財力與實力又擁有人望，做任何事都得心應手。

凶現象

●對一家主人的健康與運勢造成不良影響。
●主人變成懶惰鬼，一定的主權由丈夫移轉到妻子身上。
●做任何事都無法達到成果。

●對事物的想法漸漸變得以自我為中心。
●偏執於變態的支配慾與權力慾。
●容易遭逢交通事故或傷害。
●氣力減弱，運勢也呈下降線。
●強行主張自己的意見而造成許多糾紛。
●沈迷於賭博而招致家庭崩裂。
●遭逢盜難或發生刑事、法院裁判上的問題，心力交瘁。
●男性的結婚運變差。

西南（坤）方位所出現吉凶現象

吉現象

●夫唱婦隨下以丈夫為尊並嚴守家庭。
●女性極為能幹，發揮內助之功。
●勞動意願變得旺盛。
●雖然運勢呈緩慢上升的趨勢，不過，一旦擁有的信用或人緣則始終不渝。

●一旦決定的職業或工作鮮少變更。
●具備不畏辛勞、率先處理事物的勇猛精神。
●認真而辛勤工作以達成實績。
●與土地或山林等不動產有緣。
●家人的團結力增強。

凶現象

●變成對一切事物失去意慾的懶惰蟲。
●很容易改變工作或職業。
●主人無法安居家內，喜歡到戶外找尋樂趣。
●變成女性處於優勢的媽媽天下。
●家人難以和睦，無法團結一致為同一個目標努力。
●妻子或母親的身體漸漸衰弱。
●事物失去一貫性，心情起伏不定。
●在經濟方面陷入困苦，不得不放棄不動產。
●家運漸漸低落。

九星方位對運勢有重大影響

一般認為家相的八方位若是吉相則好，然而光憑八方位的吉相並無法避免災禍。因為，最重要的乃是居住在屋內的人，而非建築物的家。即使家形是吉相，若對居住在該屋內的人而言，並非吉相也無法帶來好運。

以往的家相之說都無視於居住者，只憑家的外形做吉凶的判斷。但是，本書完全以居住者為中心考量，使運勢好轉的家相。

因此，必須先認識自己所出生的星座。請各位根據三十二頁的速見表找尋自己的十二支與九星的星座。確認自己出生的星座在十二支中是位於那個方位，而在九星中的配列又如何。

若要使家相成為對自己而言的吉相，絕對不可忽視十二支的方位與九星的方位。因為十二支的方位對健康方面，而九星的方位對個人的運勢有極大的影響。

譬如，一九五三年（民國四十二年）出生的人在十二支中是屬於巳，九星中則是黑土星的星座。因此，這個人如果不重視巳的東南南十五度的範圍以及二黑

九星的方位盤

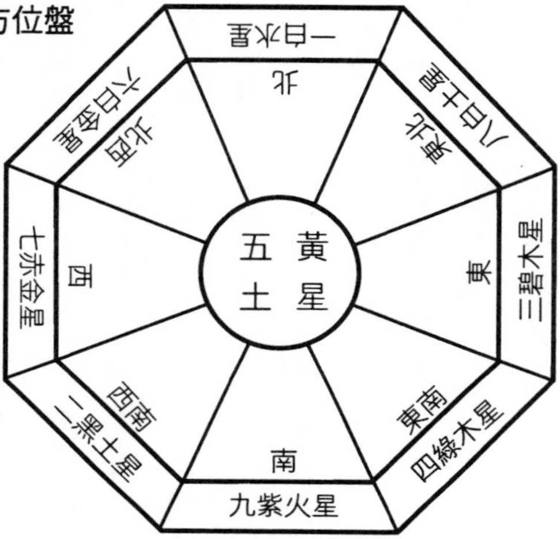

的西南四十五度的範圍，可能會遭遇災禍。

若要使自己身體健康並擁有強運的家庭，必須確認自己出生的星座再設計住家環境。因此，在此簡單地介紹在自己出生星座的方位上做何設計就可成為吉相或凶相。

■一白水星出生的人

在北四十五度的範圍內若有廁所、廚房的火氣、蒸氣爐、玄關等是凶相。若是內凹則無法伸展運勢。相反地，若是儲藏室、書房則是吉相。

■二黑土星出生的人

若在西南四十五度的範圍有凹凸部份都是凶相。除此之外，若有玄關、廁所、廚房、浴室等，與水有關的場所也變成凶相。如果是寢室、客廳、書房、會客室則是吉相。

■三碧木星出生的人

在東四十五度的範圍有內凹是凶相，外凸是吉相。在東的正中線上有廁所、瓦斯爐、蒸氣爐、玄關等則變成凶相。若是起居間、兒童房、寢室、會客室、廚房等則是吉相。

■四綠木星出生的人

在東南四十五度範圍的內凹是凶相，外凸是吉相。四隅線上有瓦斯爐、蒸氣爐、廁所、玄關等則是凶相。若是兒童房、起居間、會客室、寢室則是吉相。

■五黃土星出生的人

在家的中央若有廁所、樓梯、浴室、通風口等則變成凶相。必須讓家的中心保持清潔，若是起居間、寢室、會客室則無妨。

■六白金星出生的人

在西北四十五度的範圍內的內凹是凶相，外凸是吉相。其中尤以六白金星的戌年出生的人，在四隅線上和戌的方位上有玄關會產生強烈的凶現象，必須特別留意。另外，也儘可能避免廁所、浴室、廚房。儘可能成書房、寢室、會客室則能增強運動。

■七赤金星出生的人

在西四十五度的範圍若有外凸是吉相，內凹是凶相。尤其是酉年出生的人，內凹或位於正中線上的玄關是大凶，應特別留意。若是佛堂或老人的房間則是吉相。只要避免正中線上，廚房、浴室或廁所則無妨。

■八白土星出生的人

在東北四十五度範圍內的凹凸都是凶相。尤其是寅年出生的人要特別留意。變凶相的是玄關、車庫、廁所、浴室、廚房、火氣等。如果做成書房、寢室、會客室則變成吉相。

■九紫火星出生的人

在南四十五度的範圍有外凸部份是吉相，內凹為凶相。正中線上的玄關也會變成凶相，應特別留意。除此之外，浴槽、車庫、池塘、廁所、廚房的流理台等也呈凶相。若是起居間、會客室則是吉相。

九星的方位和運有極大關連，若渴望顯赫發達的人，若不使之成為吉相，就

十二支的方位盤

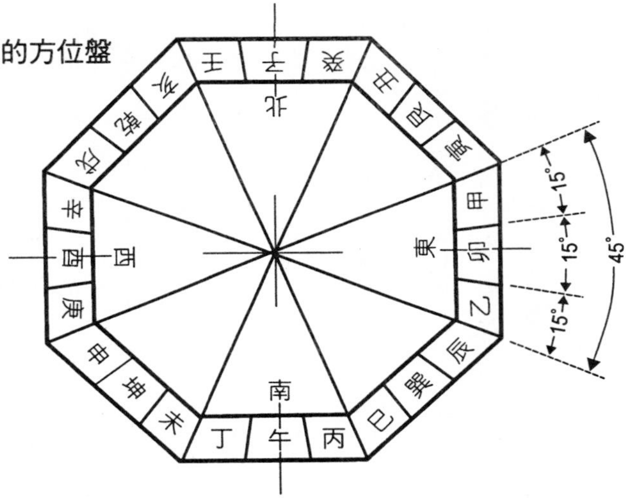

無法掌握幸運。若以健康為第一優先考慮，必須使出生星座的十二支的方位成為吉相。

總而言之，設計房屋時應重視自己出生星座的方位，務必使其成為吉相。

侵犯十二支的方位會危害健康

家相非常重視自己出生年的十二支的方位。因為它對個人的健康有重大的影響。

如上圖所示十二支的方位，從家的中心看來各有其方角。譬如，子年出生的人是正北方位的十五度的範圍。

首先，確認自己出生年的十二支方位，在自己出生年的方位上絕對不要設置廁所、浴室、廚房的用水、火氣、車庫、玄關等家相中的惡相。要嚴守自己星的方位即可避免巨大的災禍。

如果是一個人生活，很容易依自己的需要配置家裡的格局，然而若是四人家族該如何處理呢?當然，最好是使全家人出生年的十二支的方位都成吉相。但是多半無法盡遂人意。這時務必使丈夫與妻子的方位成為吉相。若能以一家之主的丈夫為基軸來配置家裡的格局，即可多少避免災禍。而在這個狀況下也必須使待在家最久的專業主婦的星也呈吉相。

總而言之，如果不重視自己出生的星不但會是危害健康也無法使運勢轉好。

必須遵守家族的定位

家相中除了八方位之外，還有構成家庭各人專用場所，亦即家族定位。一家之主的丈夫，有其固定的地方。而且妻子的場所、長男的場所、次男的場所、三男以下的場所、長女的場所、次女的場所、三女以下的場所等，都有其固定的位置。雖然是家庭內的成員卻形成了一個小集團社會，因此，如果不遵守某種程度的秩序就無法順暢運轉。

家族的定位

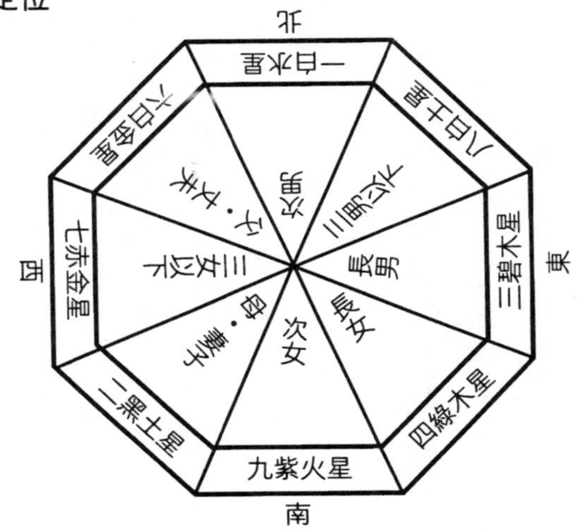

換言之，如果丈夫不使用丈夫的場所，妻子的場所不為妻子使用，那麼，父權無法嚴守，妻子也無法成為重視家庭的人。

相反地，在不知情下讓丈夫的場所做為兒童的房間，會造成兒童掌握主導權的情況。兒童比父親的氣燄更囂張，唯我獨尊，慢慢地變成不聽父母之言的任性孩子。最後恐怕會有下犯上的暴力行為。

由此可見，家相當中有家人各自固定的場所。每個家人若能使用各自既定的場所，即可守住家庭秩序，父親受到孩子們的敬畏，母親則相夫教子，兒女有兒女的模樣，可以過著健全的家庭生活。雖然依目前的住宅情況來看，也許是過於無理的奢求，然而若想維持健全的家庭生活，希望各位能遵守家人的定位。

目前任何家庭雖然有兒童的房間，卻沒有父親專用的書房。當今父權低落也是理所當然的。對母親或孩子而言，這並非好的現象。若想回復父權，應主張設置父親的房間（書房）。

而且必須建造在位於家中心的西北位置。如果能外凸在西北的方位，即能增強氣的能力而發揮父親的力量。絕對不可掉以輕心，隨意在這個方位建造廁所或浴室。當然，變成內凹也不好。

如果無法騰出父親的房間時，也要做成夫婦的寢室。再不行的話可在西北的方位擺置「父親的桌子」。只是擺一張桌子的空間應該辦得到才是。同時，父親每天要坐在那個桌前一個鐘頭左右。無論是閱讀或是寫日記都可以。重要的是要每天坐在那張桌子前。父親的氣力會漸漸增強，這是不可爭議的事實。

第三章　格局方位的吉凶與對應法

玄關 家相的第一步從玄關開始

玄關彷彿是房子的臉孔，雖然沒有刻意的裝飾，卻能表現出居住者的性格。如果是虛榮心強的人，會建造一個與建築物不相稱的豪華外形，吝嗇的人，其玄關顯得太小。

家相的第一步始於玄關。居住在該建築物內的家人是幸福或不幸，全由玄關的位置而決定。由此可見玄關位置的重要性。

首先，絕對要避免的方位是兩鬼門線上。千萬注意不可將玄關的開口位於連接東北的艮方位和西南的坤方位的線上。

其次，應忌諱的是該家主人的生年十二支與九星方位。尤其不可建造在十二支的生年方位。如果自己的十二支方位有一座玄關，即使正平步青雲的上班族，也會失去升遷的機會或被左遷。同樣地，事業家也會碰到破產的危機，因此，絕對不可把玄關擺在自己生年的十二支方位上。

一般認為東南的玄關是吉相，但是，如果該家主人是辰年出生，則辰的方位

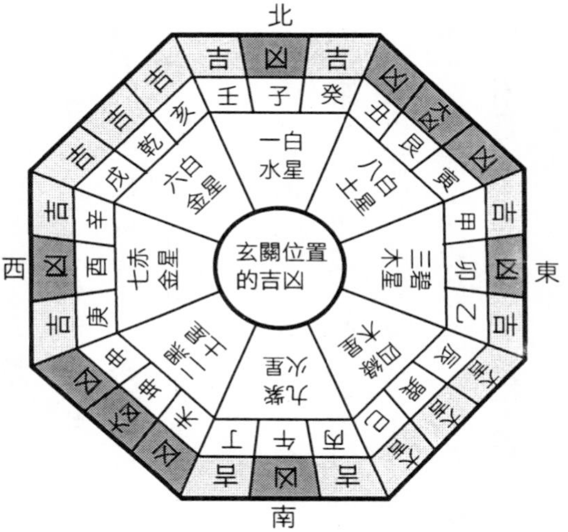

是凶相。巳年出生者巳的方位也是凶相。換言之，對辰年及巳年出生的人而言，東南的玄關將變成凶相。

由此推知，在家相中即使被認為是吉相方位的玄關，對卯年出生的人而言，東的卯方位；午年出生的人，南的午方位；戌年出生的人，西北的戌方位；亥年出生的人，西北的亥方位等都變成凶相，必須特別注意。

另外，最近常見的凹陷式玄關也是凶相。最好是不內凹也不外凸的玄關，否則玄關的部份應該做成外凸出去。

除此之外，也不能忽視門與玄關的關係。譬如，位於門正面的玄關是凶相。這時只要不讓門的中心與玄關的中心成一直線就可以了。

若要使玄關成為吉相，道路的方向也成為重要的關鍵。因為，道路的方向與建築用地關係會決定玄關的位置。

如果是有三百坪的廣大用地，就不必在意與道路之間的位置關係。但是，以目前的住宅情況看來，與道路位置的關係日形重要。

基於上述的理由，在購置房屋時若能以下列的順位來考量，就容易找到吉相的家。

第一是道路的位置、第二是玄關的位置、第三是車庫、第四是隔間。依這個順序來考慮時也較容易做家的設計，成為吉相的家的機率也較高。

如果在不知情的情況下住進玄關凶相的家，該如何呢？最好的辦法就是趕緊搬家。若能改建也好。若沒有改建的資金時，也有幾種減弱災禍的方法。但是，這都不是治本的辦法不可掉以輕心。

如果無論如何也無法變更玄關時，則可採取變更大門方向的方法。如果門是朝向東北的表鬼門，把它轉向東、東南、南即可遠離災禍。西南的裏鬼門也是一樣，只要將門轉向南、西南。

道路與玄關的關係

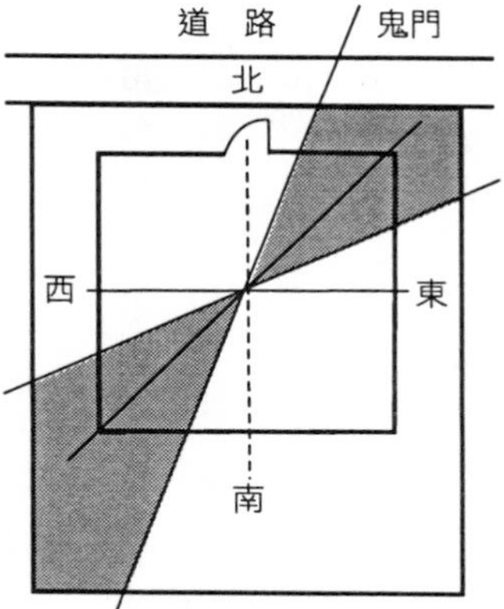

北道路的建築用地

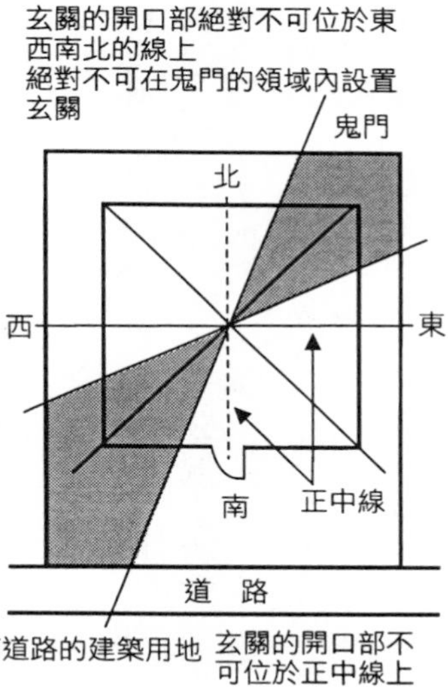

玄關的開口部絕對不可位於東西南北的線上
絕對不可在鬼門的領域內設置玄關

玄關的開口部不可位於正中線上

南道路的建築用地

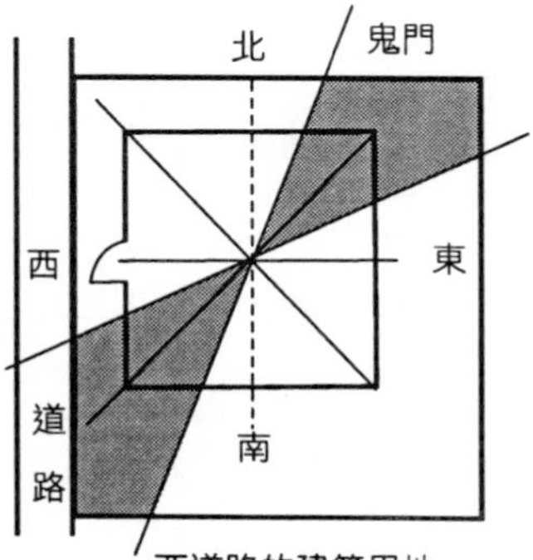

西道路的建築用地

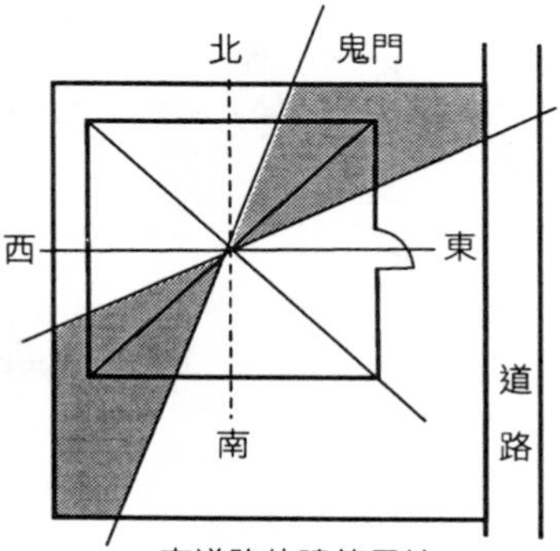

東道路的建築用地

不過，這些情況並非把凶相的玄關變成吉相，因此，運勢無法拓展時乃有改建的必要。

鬼門的玄關容易鬱積腐敗之氣，因此，必須隨時保持清潔。而且儘量不要擺置不用的長物。

在裝潢上也儘量簡潔舒適。其中觀葉植物、香包、鏡子等都是招吉的項目。如果這樣也辦不到時只能祈求神明，而在這個情況下若以輕慢的態度祈求神明也於事無補。儘可能到該地有名望廟宇祈求「消災解禍」。這時不僅是該家的主人，一起居住的家人都要前往祈願。儘可能不僅一次，每年都能持之以恆地祈願。

雖然無法用常識或科學給予說明，卻不能因此而輕侮神的力量。誠如「信者得救」，只要誠心祈求必可減弱災禍。

東

以人緣為業者是吉。要特別留意交際費的龐大支出

東（震）具有強烈的精神上功用，因此，不適合執著於金錢的人。對容易受人緣左右其運勢的電視明星、作家、學者、音樂家等職業的人為吉。

這個方位的玄關具有發展性、行動力、會使活力旺盛，因而收入自然增多。不過，支出也相對的增加，因此無法聚財。

成為凶相的——卯年出生者最差。其次是三碧木星出生的人。三月出生的人也要留意。

西

沈溺於遊樂或賭博，有告貸之苦，也容易變成不正當的異性交友

這是與財運無緣的家相。西（兌）具有喜悅、可愛、年輕女性、口舌等意義，因此，很容易變成懶惰蟲。因為毫無工作意慾，卻渴望比一般人更好的生活。一陣玩樂之後所面臨的是告貸之苦。這是不適合一般住宅的玄關。尤其西方位是大凶。

若是飲食業、接客業、娛樂中心、齒科醫、演講者則是吉。

變成凶相的人——酉年出生者是大凶。其次是七赤金星出生的人和九月出生的人。

南

雖然福星高照卻情緒不穩定，因而無法持久

午的方位是凶，但是，丙和丁的方位則是吉。在知性領域上活躍的人會有幸運的機會。

南（離）具有明與暗、離與現的意義，陰陽並存因而容易產生變化。如果能夠注意這一點，就能博得名聲、名利。雖然不適合商人，卻對政治家、學者、藝術家、藝能界者、服務於公家機關者而言是吉相。

變成凶相的人——午年出生的人最差。其次是九紫火星出生的人和六月出生的人。

北 因疾病、盜難而苦。醫院與接客業者為吉

位於正中線上的子方位是凶。儘可能把玄關建造在靠近壬或癸的方位。北（坎）具有流水、情愛、秘密、勞苦等意義，因此，會出現與這些相關的現象。

這個方位的玄關常有別人的責難、被小偷覬覦、被不良朋友誘導、生病等新的麻煩。不過，對於從事處理苦情的職業的人而言卻是吉。

變成凶相的人——子年出生者是大凶。其次是一白水星出生的人和十二月出生的人。

東南　生意興隆、家業隆盛的大吉。不適合辰年與巳年出生者

所謂「巽玄關、乾倉庫」，一般認為這是最好的家相。但是，卻有其例外。它不適合辰與巳年出生者。

辰年、巳年出生的人，如果碰到並無其他原因，卻在緊要關頭無法談攏事情的情況，可斷定是玄關的作祟。譬如，本來順利進展的交易卻落得不履行契約，或本來可望成功的婚事，無疾而終等等。

巳年出生的人在東南建造玄關應偏向辰方位。相反地，辰年出生的人，若偏向巳的方位造玄關則可避災禍。

容易遭受災禍的人——辰年、巳年出生的人和四綠木星的人要特別注意。其次是四月和五月出生的人。

西南　鬼門線上是大凶。主婦經常外出，家庭紊亂

坤的方位也不行。無論如何只能採用這個方位時，只能偏向申或未的方位。但是，卻無法完全地斷絕災禍。因為災禍會以循序漸進而陰濕的型態出現。儘可

能改建或搬家。

尤其是對主婦會造成不良的影響，恐怕會有家庭崩裂的危險。受到強烈災禍的人——中年與未年出生的女性。其次是二黑土星出生的人。

東北　鬼門線上是大凶。從財產繼承的糾紛發展為斷絕家系關係

艮的方位是大凶。這個方位本來是閉鎖而禁止外氣的場所。在這個方位建造玄關自然會增強凶氣。所作所為都有出乎意料的結果。另外，人際關係上也無法達到和諧。當然，親戚之間的交往也不融洽。

成為凶相的人——裏鬼門（西南）會使女性遭受禍害，相反地，表鬼門（東北）對男性有不良的影響。尤其是丑年與寅年出生的男性要特別注意。八白土星出生的人也要留意。

西北　有出人頭地的機會。家庭容易變成主人不在的情況

這個位置是有地位的人出入增多的場所，並不適合一般家庭。因為，那是令人覺得高攀不上的玄關。

基於這個觀點，有些人認為在這個位置建造玄關會變成凶相，但是，根據住在屋內的人的家品或職業，也可能變成吉相。這是俗話所說的「位尊而勝」。不論那種情況都會造成主人經常不在家的情形。如果渴望具有庶民般的愉快家庭氣氛，不可在這個位置建造玄關。

變成凶相的人——戌年與亥年出生的人和六白金星出生的人。十月、十一月出生的人也要特別注意。

起居間　建立健全家庭生活的重要空間

起居間（客廳）是全家人歡聚一堂的場所，因家族構成或職業的不同，有各種的使用方法。它在家庭中是利用度最高的場所。起居間可以說是令人感覺一個家庭的風格或一個家庭味道的空間。

最近的家庭具有將起居間的空間擴大的傾向。並不像以往只當做喝茶聊天的地方，而是具有多重用途的廣大空間。它不僅是家人平時做為交談的場所，有時也當做招待親友的會客室。也可以在起居間用餐、休息、當做兒童的遊樂區、主

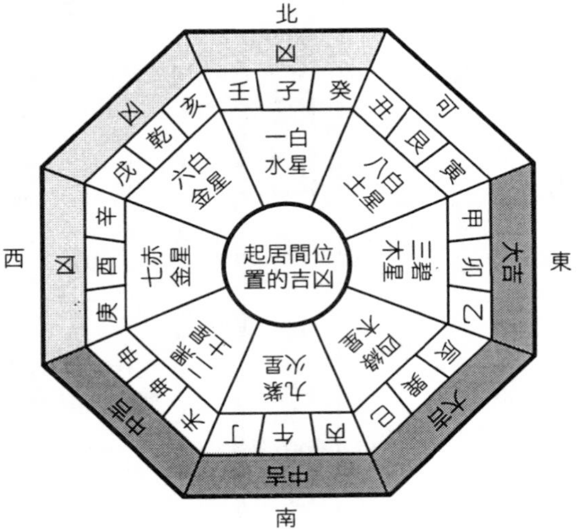

婦的工作室、主人的書房等有多重的用途。

雖然因重視家人的親密溝通，使起居室的空間比以往有擴大的趨向，然而在家相上並非良好的現象。

家相中若要維持健全的家庭生活，必須重視家族的縱向關係。因此，幸福的家庭應該是以家長的丈夫為主柱，做為丈夫從屬的是妻子、兒女。唯有丈夫克盡身為丈夫的職責，妻子完成妻子的本份、兒女盡到做兒女的本份，才能建立幸福的家庭。

最近常見的大空間的起居室，以重視家族的親密溝通，與休閒活動為號召而大受歡迎。然而相對的卻沒有丈夫獨自的場所（書房）。

隨著時代的改變，家族的意識與生活型態也跟著產生了變化，對於起居間的想法自然也異於往常。也許是重視家族的「和」，把焦點投注在家族最能獲得舒適感的場所而做的設計。

家庭格局改變之後住在其中的家人的意識自然也會有所轉變。如果一家人成天都在起居間生活，也許能夠成為和平相處而愉快的家族。但是，從中所產生的是平等、同格的精神。如此一來，會建立有如知己好友感覺的橫系家族。當然，個人的自我主張也會增強。

本來家庭是親傳子、子傳孫的關係，如果縱向的關係不強，就無法維持家庭的秩序。如果像現代橫系關係增強，父權自會日趨薄弱。

起居間的位置可根據個人家庭的風格或家族構成、職業，設計成方便使用的空間。

起居間可說是家庭中利用度最高的場所，因此，最理想的是方便使用、日曬良好、通風佳的位置。

起居間的方位，是從家的中心看來位於東到東南方位是最好。其次南到西南的方位。最好不要將起居間建在陽光照不到的北方方位，西曬的西方位等，神經無法獲得休息的位置。

東

可以建立笑聲不斷、充滿開朗活力的家庭生活

東是接受朝陽之氣的方位，因此，能夠產生氣力與活力。充滿著對工作的幹勁。在家庭中客人的出入也多，經常充滿著熱鬧的歡笑聲，可以成為帶著開朗氣氛的家庭。

西

熱衷於遊戲或觀賞電視，常徹夜不眠

西的方位，具有收穫之後的饗宴的意思，因此，也許適合做為家人團聚的場所。一般人認為這個方位會過於熱衷玩樂，而對翌日的工作造成影響，因此，西邊的起居間並不適合。除此之外，會養成遊樂的習性而漸漸變成懶惰蟲，失去工作的意願。如果在這個方位有起居間時，必須注意不要變成夜貓子。

南

家人的心朝向戶外，頻繁外出

南的方位會使個人發揮的能力增強，而難以保持家族之和。這種家庭較重視工作而勝於家庭的安適感。在工作面上能獲得上司的提拔，也比一般人早獲得升遷。但是，這個方位會影響運勢，千萬注意不可變成內凹。

北

家人聚集一堂總是抱不平、發牢騷，是個陰沈的家庭

設計住家環境時應該沒有人會在北側搭建起居間。因為陽光照不到，冬季寒冷、工作會變得笨拙。這是任何人都想避免的方位。

如果在北的方位建造起居間，不但令人擔憂的事接踵而至，也常有金錢上的糾紛。同時也可能成為惡友聚集的場所，應特別注意。

東南

家庭圓滿、工作順利、人際關係和諧。凡事都朝好的方向運轉

如果東南沒有凹缺，一切事物都能朝好的方向運轉。既不會為兒女的事情煩惱，女兒的婚事也能順利談妥，可以過著幸福快樂的家庭生活。關鍵乃在於不可在東南留下凹缺。

西南

雖然家運難以發展卻能獲得家庭的安適

西南的方位正好是裏鬼門，如果沒有內凹或外凸，即使做為起居間使用也無妨。不過，會缺乏氣的力量，因而多少會變成懶惰鬼。但是，卻具有家庭的氣氛能獲得心靈的安適感。雖不豪華卻能過著紮實而安定的生活。

西北

自立心旺盛，帶有強烈自我主張的家族

西北的方位是熱能極強的方位。家族吸收氣能絕非壞事。但是，家族全員氣力過盛時會影響家族的和諧。如果自我主張不適可而止，家庭難以和睦。儘可能不要在這個方位建造起居間，可做成丈夫的書房。若要建立圓滿的家庭生活，某種程度的能力強弱是必要的。因為，家相的原點若不遵守父權，也就無法建立健全的家庭。

東北

各說各說，內緣親戚難以團結。變成孤立型的家族

東北的方位正好表鬼門。雖然做為私人起居室或寢室、書房並無妨，若做為起居間時會使主婦感到疲憊不堪。如果把家庭的一切為所欲為的行為照單全收，可能會難以收拾。自然主婦會感到疲憊不堪。

請在主婦容易勞動的方位建造起居間吧！主婦心力交瘁時根本無法建立幸福的家庭。

書房和會客室

以具體的外型表現父親的存在感

若非學者或作家也許真正的書房對家庭而言並不需要。若是書房兼父親的房間，是一個家庭中不可或缺的空間。

最近令人感到擔憂的就是這個空間。因為任何家庭即使有兒童的房間，卻沒有可做為書房使用的空間。雖然以現代的住家環境來看，是莫可奈何，但是，即使犧牲兒童房間的一半空間，也要騰出父親兼做書房的個人房間。

也許有人會指責這是亂發議論，然而當今父權之所以衰微的原因，正是一般家庭已不再有書房兼父親的房間。

根據國民的意識調查，泰半的國民都認為自己是中流以上的家庭，但是，卻

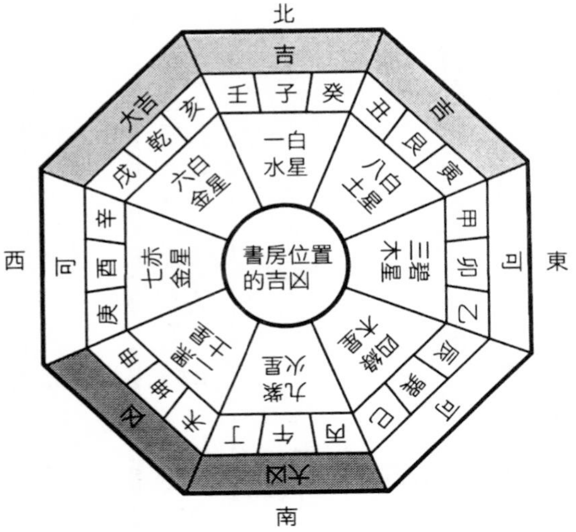

鮮少有搭建書房兼父親房間的家庭。

從前中流以上的家庭幾乎都有書房的搭建。不論那個家庭父親是家中最偉大的存在。

既然家庭是縱向關係的小集團，如果父親無法成為家中的主柱，就無法產生健全的家庭。

在此所談論的並非人性或人的本質問題。完全是著重在「家庭的外形」。如果家庭的外形不正常，即使想要守住父權也無法維護。同時，也要費盡心思去回復父權。

至於應該在何處搭建書房?若渴望有穩固的父權則要在西北的方位。本來西北乃是主人的場所，因此，最好在這個方位搭建書房。如果因家庭的情況無法搭建單獨的書房時，也可以兼做客廳使用。總而言之，必須以實際的外型表現父親的存在感。

有關書房方位的吉凶，大體而言日曬好的方位並不好。儘可能搭建在陽光照不到的西北、北、東北的方位。尤其是南的方位是大凶。不過，有一說指稱南邊的書房會博得人緣，較適合作家活動者，但是，做為知性作業的場所卻不適合。因為南的方位會使思考力變得散漫、缺乏集中力、持續性。而且一般認為神經系會變得過敏，使人感到坐立不安。

既然如此，不如在表鬼門的東北方位搭建書房。鬼門總是令人嫌棄的方位，不過，卻非常適合做為書房兼父親的房間。這是精神能獲得安定的方位，因此，是適合平心靜氣的閱讀或思索的方位。

在哀嘆當今社會為人父親者的權威式微之前，不妨先考慮在家裡搭建一間書房。再怎麼小的房間也無妨。如果找不到空間時，只放張桌子也行。放一張父親專用的桌子每天坐上一回。

坐在桌前的時間越長越好。任何家庭總有擺放桌子的空間吧！

書房的吉方位第一是西北、第二是北、第三是東北。擺放書桌時也放置在同樣的方位。變成凶相的方位是南、西南。至於西的方位若能妥善地處理西曬的問題，則是半吉。東與東南可兼做客廳，若單獨做為書房使用時，必須留意書籍的受損。

在住宅環境窘迫的現代，使用頻率極少的書房也許被人詬病，不過，若要維持建全的家庭生活，倒是不可或缺的空間。

兒童房間

不可選擇日曬好的場所

一般認為兒童的房間應該是位於「日曬好的場所」，然而從家相上看來卻不適當。兒童的房間確實需要光亮，但不需要日曬。不過，凡事需要母親照料的幼兒另當別論。

從小學到中學、高中，乃至大學，在年齡層上有極大的幅度，因此，應該考慮這一點而設計兒童的房間。一般人的觀念裡都認為兒童的房間應該選擇日曬好的場所，但是，當兒童年紀越大時越會產生不良的影響，必須特別注意。

對父母而言，沒有比兒童體弱多病，經常看醫生吃藥更感到辛苦的，雖然疾

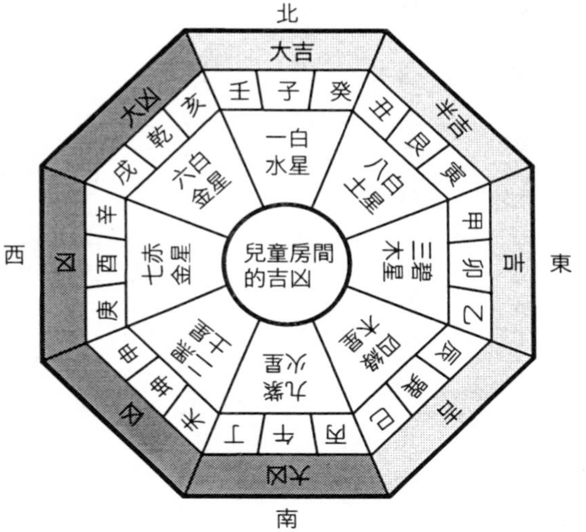

病的原因有許多，卻找不到特定的原因時，必須調查一下家相。如果在兒童出生的星方位上有廁所、浴槽、火氣或凹缺等忌諱項目時，會變成病弱的兒童，必須小心。

在此附記兒童的出生星座與方位的關係以供參考。

◆一白水星與子年出生的人

——絕對不可在北的方位搭建禁忌的項目(廁所、浴槽、火氣、凹缺等)。

◆二黑土星與未年、申年出生的人

——絕對不可在西南的方位搭建禁忌的項目。

◆三碧木星與卯年出生的人

——絕對不可在東的方位搭建禁忌

的項目。

◆**四綠木星與辰年、巳年出生的人**

——絕對不可在東南的方位搭建禁忌的項目。

◆**五黃土星出生的人**

——絕對不可在家的中心搭建樓梯、廁所等禁忌的項目。

◆**六白金星與戌年、亥年出生的人**

——絕對不可在西北的方位搭建禁忌的項目。

◆**七赤金星與酉年出生的人**

——絕對不可在西的方位搭建禁忌的項目。

◆**八白土星與丑年、寅年出生的人**

——絕對不可在東北的方位搭建禁忌的項目。

◆**九紫火星與午年出生的人**

——絕對不可在南的方位搭建禁忌的項目。

對父母而言，兒女彷彿是寶貝。任何家庭都非常注意自己孩子的健康。若渴望孩子的健康必先考慮家相的好壞。

另外，若要使自己的孩子喜好讀書，該在那個方位建造兒童的房間呢？這也許是眼下有將要升學考試的孩子的父母，所共通之疑問吧！

如果重點是在孩子的成績，最好是搭建在北的方位。這個方位可以增強思考力、集中力、持續性、堅強的意志。不過，必須裝設換氣口以促進與外氣之間的通風。房間若有兩處窗口最好。除此之外，也必須充分地留意濕氣或保溫。

若不拘泥於功課的問題，最好將兒童的房間搭建在兒女出生的星座方位，如果兒女出生的星座正位於不適合做為書房的南（午年）、西北（戌年和亥年）、西（酉年）、西南（未年與申年）等方位時，必須花費相當的功夫。其中以午年出生的人和戌年、亥年出生的人，絕對不可在自己出生的星座方位上搭建書房。同時，南和西北的方位是為大凶應避免。碰到這樣的場合男孩若轉為東或東北的方位、女孩若轉為東南的方位則變成吉相。

對父母而言，再沒有比自己的孩子學校成績良好、個性開朗、率直更感到高興的事。為此不建造適合自己的兒女的環境，兒女也會因而吃盡苦頭。在不適合兒女的方位上搭建再怎舒適、完美的書房也無法達到任何效果。同時，父母再怎麼在兒女背後鞭策也無法使兒女產生讀書的意願。先決條件乃是建造一個使兒女喜歡讀書的環境。如此一來即使不聞不問，兒女也會主動用功讀書。

根據方位的不同，再詳細說明以供參考。

東　充分接納新鮮朝陽之氣，培育充滿健康、意欲的兒童

東是朝陽之氣與能量發源的方位。藉著承受氣的熱能，會產生屬於兒童的活潑。同時，也能積極地參與讀書或遊戲。生活極有規律，鮮少有熬夜的情況。隨著成長階段會產生判斷力、決斷力。這個方位會使父母不會因兒童的升學或就職而吃他人之醋。

西　熱衷於趣味或遊戲勝於讀書，漸漸變成夜貓子

西的氣力薄弱，因此，並不適合需要集中力的知性作業。即使想要讀書也提不起幹勁。因為根本沒有想要實行的意願。

譬如，即使做個習題也要想盡辦法拖延到晚飯或洗澡之後。討厭讀書的孩子不可能對功課用心。總是熱衷於遊戲或觀看電視，自然而然會變成夜貓子。

不僅是兒童房間，舉凡一切做為知性作業的房間，都無法使頭腦清醒而降低

效率。

南 集中力、持續力減退。變成隨時感到心浮氣躁無法平靜的孩子

若是位於南方位的兒童房間會使人無法平心靜氣地讀書。心總是朝向戶外，一直在意戶外的景況而坐立不安。

而且南邊的兒童房間具有早熟的傾向，從早期就對大人的遊戲產生興趣。當外出的情形增強時，必須注意兒童的行動，如果父母無法監督時，千萬不要在南的方位搭建兒童的房間。更重要的是，這個方位的兒童房間無法使人對讀書產生興趣，因此，並不適合高學年的兒童或考生。

北 如果照明與暖氣設備適當能提高學力

任何父母都渴望能充分地發揮兒女的潛能，若是如此就應在北的方位搭建兒童房間。雖然寒冷、日曬不到令人感到不忍，然而這乃是觀念的錯誤。這個方位的房間會使腦筋變得靈活，具備集中力、思考力、持續力，成績節節上升。

不過，必須充分地留意照明與換氣設備。

東南

教育出懂禮貌、體貼、心地善良的兒童

東南的兒童房間會使孩子變成善良而穩健，若渴望自己的孩子成為健壯的年輕人，最好選擇東南的方位。東南會培養出模範生型的好孩子，也具有協調性、體貼之心。當然，人際關係也能達到和諧，會受到眾人的喜愛，因此，這個方位最適合做為女孩的房間了。

西南

變成喜新厭舊的性格，缺乏完成一件事物的耐性

西南是陰陽之氣交錯的方位，因而會使精神變得不穩定。不僅無法產生積極努力的意願還會感到無所適從，因而無法鎖定問題的焦點。成績起伏極不穩定，因此，對考生而言是最差的方位。對所有的事情產生不了自信，是不適合做為兒童房間的方位。

西北

自信過強，討厭穩紮穩打型的努力

家相中為了維持家庭的秩序，有家長固定的座位。那個座位是西北。如果在

西北的方位搭建兒童的房間，會使兒童成為家庭的中心。然而家庭必須由家長的父親發揮統率力才得以成立。兒童應該尊敬父親，基於兒童的立場採取行動。因此，不可在西北方位搭建兒童房間。

如果在這個方位搭建兒童房間，會使自我主張（任性）增強，理想過高而缺乏紮實的努力。有時還會產生家庭暴力行為，或有拒絕上學的情況，應該特別注意。

東北　容易變成以自我為中心、不服輸的孤癖型兒童

東北是知識慾望變得旺盛的方位，在這個方位搭建兒童房間會使成績上升。不過，會加速不服輸的性格。

在此希望各位留意不要使孩子變成討厭與人交往的個性。身為父母者不要只拘泥於成績的好壞，應該是孩子獲知與朋友和平相處的重要性。

寢室　出生星座的方位是吉相

以往的家相中常疏忽的就是寢室。即使對家相極為挑剔的人，似乎也不太注重寢室的方位。但是，人一天當中大約有三分之一（八個鐘頭）的時間在寢室度過，因此，絕不可輕忽寢室的方位。

若以一天使用的時間來衡量，會受到最常使用的寢室的影響，而且寢室並非偶而利用的場所，每天至少八小時置身其內，其影響力大而深遠。

一般認為寢室只不過做為睡眠的場所。能夠安眠是必要條件，家相認為這個方位不僅可以做為身體休息的場所，還必須能夠積蓄氣的熱能以儲備面對明日生活的活力。所以，理想的寢室是位於能夠滿足消除疲勞以及攝取氣的熱能的兩個條件的方位，這個方位才是吉相。

早晨睡醒時如無法感覺神清氣爽，從內在產生「好好地幹！」的氣力則無法稱得上是理想的寢室。當早晨睡醒時總覺得氣息奄奄，無法產生幹勁的狀態一再持續時，鐵定是房間的位置不好。

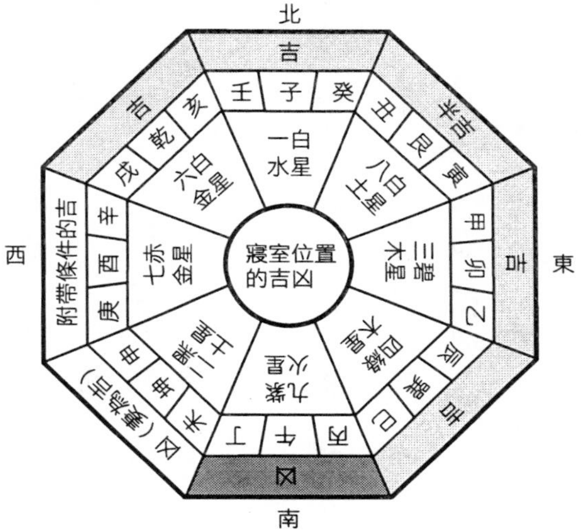

最重要的是自己的氣與寢室的氣能產生相輔相成的關係。相反地，自己的氣與寢室的氣如果是相剋關係，即無法產生力量。家相中化凶為吉的先決條件乃是提升自己本身的能力。如果自己的能力增強，自然能夠掌握幸福。

在與自己的氣呈相輔相成關係的方位上搭建寢室，即能提高能力，這乃是家相中的吉相寢室。

若要使寢室成為吉相，首先，要選擇自己出生星座的方位。不然就建造在家族的定位上。夫婦的寢室在西北的方位，男孩在東的方位，女孩在東南的方位則是吉相。

其次是選擇與自己出生的星座呈相

輔相成關係的方位。

儘可能把寢室建造在符合以上三個條件的方位上。同時，頭部位置朝向東至東南或南的方向休息。如果頭部朝向西南到西的方位，就無法產生氣力。不但睡醒的感覺不好，也難以提起幹勁，整個上午幾乎無法專心工作。

覺得早晨睡醒時的感覺不佳，上午的工作效率低落的人，可以把頭部的位置轉向東到東南的方位。如此一來，一定能增強你的氣力，不但工作效率佳，連運氣也會轉好。

東 早睡早起、幹勁十足。對男孩是吉相的寢室

東是承受朝陽之氣最強的方位。新陳代謝會變得活潑，能儘早消除疲勞，又能攝取強烈的氣力，因而幹勁十足，可以神清氣爽地度過一天。

成為吉相者是三碧木星出生和卯年出生的人，三月出生者也是吉相。同時，男孩亦是吉相。

西 變成夜貓型。把頭轉向東的方位

西是適合結束一天的勞動而進入休息的方位，然而卻無法提高氣力。由於這個方位的氣力薄弱，並無法提升促成明日所需的活力之氣。所以，至少把頭的位置朝向東的方向。

成為吉相者是七赤金星出生與酉年出生的人，九月出生的人也是吉相。

南　睡眠不足容易造成情緒不穩定，不適合老年人

南會使神經過敏而無法安眠。即使自己覺得已經熟睡，事實上，未完全熟睡的就是南方位的寢室。這是血壓高或有心臟疾患的人絕對要避免的方位。

如果沒有特殊的原因卻變得易怒、心浮氣躁時，問題一定是出在與你不適合的寢室。

北　空調設備完善可以熟睡的寢室

這個方位由於缺乏日曬而被敬而遠之，但是，比任何方位都較能獲得精神上的安定。如果持續睡眠不足或難以入睡的人，可把寢室移轉到北的方位即可獲得安眠。不過，條件是空調設備必須完備。

成為吉相者是一白水星出生和子年出生的人。

東南

可以迎接晴朗的朝陽。尤其是女性可結良緣

這個方位和東一樣會使身心健全。不論是工作或戀愛都能隨心所欲，是能達成你一切願望的方位。交友關係也會變得廣泛，真是福星高照。尤其是單身女性可結良緣，能夠過著幸福快樂的人生。

成為吉相者是四綠木星出生以及辰年、巳年出生的人。對女性更是吉相。

西南

早晨睡醒時的感覺不佳，難以產生幹勁

西南由於氣力薄弱無法產生意欲。尤其是早晨很難發動行動的引擎，工作效率低落。對慵懶成性的人而言是最差的方位，它只會使人更提不起工作的意願，應特別注意。

成為吉相者是二黑土星出生與未年、申年出生的人。雖然妻子是吉相對丈夫卻不好。尤其不適合男性。

東北　與不動產有密切的關係。對無殼蝸牛而言是吉相的寢室

這個方位和不動產關係有極大的因緣，因此，無殼蝸牛渴望有房子住的人最適合在這個方位搭建寢室。不過，必須隨時整理乾淨，保持清潔。如果任由荒廢而不打掃，那就無法伸展運勢。

成為吉相者是八白土星出生以及丑年和寅年出生的人。

這個方位會使男性獲得強運。

西北　蓄積能力、幹勁十足。對丈夫是吉相卻不適合兒童

西北是主權之座，在這個方位建造寢室可以擁有適合主權的能力。在家庭中能守住父權，在職場上工作順利，平步青雲地走上飛黃騰達之路，過著極為優惠的人生。這個方位最適合做為丈夫的寢室，但是，對成長過程中的兒童會產生不良影響，並不適合。若是獨居的單身男子則可能結成良緣。

成為吉相者是六白金星出生和戌年、亥年出生的人。對男性是好的方位，但女性（妻）做為寢室使用時，會使一家的主權由丈夫移轉到妻子身上，恐怕因而

背負經濟上的負擔。

老人房間

能順利繼承家長寶座

在平均壽命增長而漸趨轉向高齡化社會的現代，在地價高漲的造勢下，使得住宅問題更形深刻化。而且目前的家庭生育兒女稀少，長男或長女的獨生子家庭漸漸增多。在這種情況下不得已必須和父母同住的年輕人越來越多。

當一家的經濟重心由父母移轉到孩子身上時，家族的定位自然也跟著轉變。但是，泰半能保持現狀。然而在這樣的情況下家族之間是無法和平的相處。

以家相的立場而言，父親從一家之主的寶座退隱，將主權讓渡給兒女時，在家庭內同樣地必須把家長之座由父母移轉到兒女身上。然而仍然有許多家庭是由父母守住家長之坐。如此一來，自然會造成工作或家庭上的不順遂。

若是上班族影響還不大，但如果是事業家並由第二代繼承父親的公司時，會明顯地使業績低落。

孩子繼承父親的事業時，不僅是工作，在家庭中也必須繼承主權之座，否則

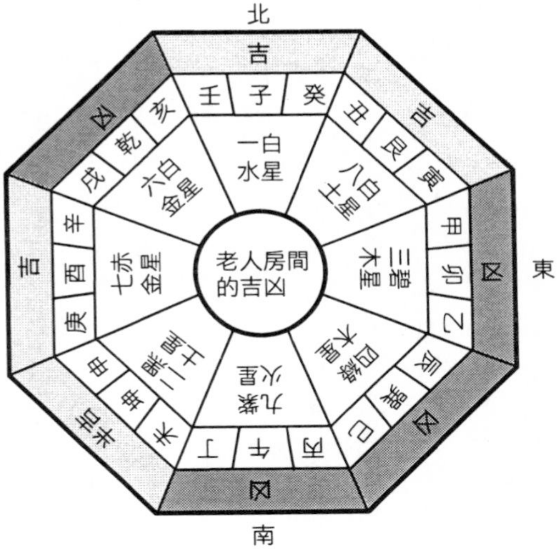

家運會漸趨衰退。這種情形是指與父母同住時，若與父母分居則無關係。

一般而言，六十歲左右是退休的年紀。在這個年齡仍具有相當的體力與氣力。有許多人即使從社會上的第一陣線隱退，在家庭裡依然守住家長之座。

尤其是父母眼中的兒子，即使長大成人或已功成名就，仍然會像孩子般一樣地對待。如此一來，會抹滅孩子運勢的伸展。如果父母從第一線隱退，應坦然地也從家庭中隱退，把家長之座也讓給兒子，自己住進老人的房間。

最適合老人的房間，是西、西南、東北的方位，其次是東南、東、北的方位。一般人以為東、東南的方位最好，其實東、東南的氣力過強並不適合體力衰弱的老人。

如果渴望成為經常帶著年輕的心、不失好奇心的老人最好選擇東的方位。不過，一大早就會出來活動，恐怕會被家人數落。

相反地，不適合老人房間的方位是西北與南。西北是家長之座，父親在這個方位起居生活時會使孩子的運勢無法伸展。南會造成視神經疲勞，精神會變得不穩定。為細微小事動怒、對心臟也不好。

另外，若是二樓建築的住宅，必須把老人房間設計在樓下。除了樓梯的上下之外也應留意微小的段差。

同時，也不要忘了在房間附近配置廁所。

總而言之，要在老人覺得舒服的場所建造房間。日曬是健康上所必要，但過強也會造成問題。如果設計不好對身體造成負擔，無法獲得精神上的安適。而更重要的是，房間的設計必須顧慮到不要讓老人覺得孤單、寂寞。最好一切的喜、怒、哀、樂都能和家人一起同享。

東 永遠保持年輕的心境，活動過多造成過勞東是陽氣最盛的方位。雖然適合活力充沛的兒童，對肉體衰弱的老人卻過於強烈。東方位的老人房間無法使心情平靜，令人按耐不住。會忘了自己的年齡與立場四處活動，對家人百般挑剔而漸漸被家人敬而遠之。這會使家庭失去和諧，並不適合做為老人的房間。

西　**與西方淨土相關連的方位，最適合老人**

西方淨土若能防止西曬，西是最好的方位。家相認為西是太陽沈沒的方位或秋收結束一家團圓的休憩場所。

人也是一樣，這個方位是最適合工作到退休，平安無事地讓兒子繼承事業，放心休憩的場所。

不過，必須充分地留意預防西曬及換氣。

南　**雖然日曬好對視神經卻有不良影響。經常感到焦躁不安、變得易怒**

南由於陽氣過盛會影響視神經。對衰弱肉體的刺激過強。因此，容易造成心浮氣躁、逆上等症狀。

對於必須重視精神安定的高齡者而言，是不適合的方位。這個方位可能會造成血壓上升、心跳紊亂等憂慮，請特別注意。

北 若有完善的冷暖氣設備，即可平靜安適

一般人會懷疑照不到陽光又寒冷的北側何以是吉相？在這個方位建造房間絕非虐待老人家，因為對老人而言，這是在精神上與肉體上不會造成負擔的方位。老人體內的氣和北方位的氣之間衝擊較弱。如果氣的衝擊過強，會對老人身體帶來負擔。

如果精神安定則不會對家人造成負擔，可以成為令人喜愛的老人。

東南 對健康面有益，但恐怕會落入他人花言巧語的陷阱

和東一樣具有強盛的氣，會使人無法沈著。自然外出的機會增多，交遊範圍廣泛也是莫可奈何的事，由於渴望與人接觸而不分善惡親疏。恐怕會發生被居心不良者的花言巧語所騙，購買昂貴物品等，元氣過盛的老人，有時也會給家人帶來麻煩。

西南

具有對家人百般挑剔的傾向，若能恰如其份地行動則成良相

西南的房間是能令老人心情沈穩的場所，不過，具有過份干涉年輕夫婦生活的傾向，應特別注意。若能分辨自己所處的立場，恰如其份地行動將是吉相的方位。

家相中西南乃是妻的座位，在這個方位建造老人房間，會使婆婆過度操心家庭的事。家裡有兩個生活型態互異的主婦，自然會有不協調的情況。最重要的是，不要干涉彼此的生活。

東北

多少有點頑固，卻能度過平靜的晚年

這是精神上安定的方位，卻多少會變得頑固。也許會產生閱讀、作詩、繪畫等知情的慾求。而且是一個人安靜地享受。朋友會日漸減少應注意。

西北

從現役隱退後，把主導權交給兒子即可保持家庭的繁榮

如果從現役完全隱退時，把一切主導權交給第二代的兒子，可以使兒子的運

勢上升。若只是把工作交給下一代，卻不讓渡成為家長寶座西北方位，下一代再怎麼努力也無法伸展運勢。

如果以師匠的立場擔任家族的顧問或商量對象時，則會受到外界的尊重，使一切事物都能有效地運轉，若一直久坐在家長的寶座上會使孩子沒出息。同時，父母也會產生精神上的負擔。

廚房　大大影響主婦的健康狀態

當本來百無病痛的主婦搬進新家之後身體狀況變得不適時，原因幾乎多半是出在廚房。唯獨家中的主婦顯得心浮氣躁，有時還出現歇斯底里症狀或個性變得黯淡、產生精神不安定症時，必須確認廚房的方位。

如果出現這些症狀時，一定是廚房位於鬼門方位的東北或西南。尤其是廚房的火氣與流理台的位置位在鬼門線上與東西南北的正中線上時，毫無疑問地會產生凶意。

廚房的方位不僅是廚房本身的位置，瓦斯台與流理台的位置也非常重要。那

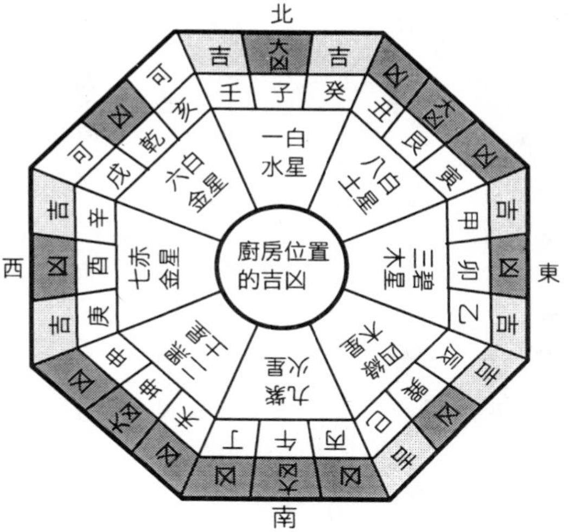

是古時候爐灶與水井的位置。

觀看最近家庭的設計圖，常見餐廳位於東到東南的方位。若採取這樣的格局，餐廳延長線上的廚房自然會進入東北的鬼門方位。根據這種格局廚房很難搭建在東到東南的安全方位。

但是，不能忽視主婦的健康。主婦應該在可以開朗地勞動並且衛生，不會高溫多濕的場所工作。而這個場所以東或東南的方位最好。否則只能建造在附帶條件的西側。這時絕對不可疏忽防止西曬與食品管理的工夫。西邊的廚房由於西曬，很容易變成高溫多濕。

這時必須利用斷熱器材斷絕熱能，靈活運用換氣電扇以避免食物腐壞。

從廚房所蒙受的禍害，幾乎多半是來自瓦斯台與流理台的位置。這兩點必須避免通過正中線與鬼門線，並且不要侵佔自己出生的星座，若能嚴守這幾點則無太大的問題。

東 受後繼者之惠，家運日漸上升

如果瓦斯台與流理台沒有侵佔卯方位的正中線，為吉相。可以承受早晨新鮮的陽氣，是理想的廚房方位。

這個方位具有招福的暗示。可能受後繼者之惠而拓展家運。

成為凶相者是卯年出生與三碧木星出生的人。

西 若能防止西曬則無疑慮，氣力多少會變弱

瓦斯台與流理台不可位於西方位的正中線上。

西邊廚房不討人喜歡的原因之一是西曬的問題。西曬是廚房的大敵。食品很容易腐壞，變得不衛生，若是空調設備完善的現代無太大的疑慮。西方由於陰氣較盛，可能會產生氣力不足的問題。整天頭昏腦脹毫無效率。其特徵是變成用餐

也耗費時間的無氣力狀態。

成為凶相者是酉年出生與七赤金星出生的人。

南　陸續產生事物急變的狀況

瓦斯台、流理台位於午方位的正中線上是大凶。南方由於陽氣過強會使室內溫度急遽上升，並不適合做為處理食品的廚房。除此之外南邊的廚房由於光線的反射會使視神經感到極度疲勞。為此所產生的精神壓力會變成各種疾病的肇因。總而言之，不適合做為廚房的方位。

變成凶相者是午年出生和九紫火星出生的人。

北　很容易染患因寒冷所造成的疾病，家庭內的糾紛也增多

不可讓瓦斯台與流理台位於子方位的正中線上。陰氣強的北方位擺設陰氣的廚房，絕對不會有好結果。

但是，現代已有完善的空調設備，可以利用人工方式過著舒適的生活。在這方面並不必擔心會染患寒冷所造成的疾病。

其次是家庭內的糾紛。在北的方位建造廚房時很難避免家庭內的糾紛。會出現兒女的行為變壞、夫婦感情交惡、難以和親戚朋友相處等現象。

變成凶相者是子年出生和一白水星出生的人。

東南

招致幸福的家運興隆之相。也受人際關係之惠

如果瓦斯台與流理台位於巽方位的福線上則為吉相。和東方的廚房一樣同是招福的方位，因此，工作與家庭都稱心如意。也受人際關係之惠，有無窮的可能性。

辰年與巳年出生的人，如果不注意避免將瓦斯台與流理台擺置在自己出生年的辰與巳的方位上，會使運勢溜走。即使將要談妥的事情也會中途發生變故，應特別注意。

變成凶相者是辰年與巳年出生和四綠木星出生的人。

西南

不僅是疾病之難也會使婆媳之間交惡

如果瓦斯台與流理台放在坤的鬼門線上，應立即搬家或改建。即使現在平安

無事總有一天會露出凶意。

廚房的凶意幾乎集中在主婦身上。如果主婦的身體發生不適，一點小事也浮氣躁、暴怒、帶有歇斯底里的感覺時，應確認廚房的方位。如果火氣和流理台通過鬼門線上時，必須立即轉換位置或搬家。即使不為疾病所苦，也會有婆媳之間的紛爭。

變成凶相者是未年與申年出生和二黑土星出生的人。

東北

出現為疾病而苦惱、蒙受損害的凶意

瓦斯或流理台位於艮的鬼門線上時，家人會一再地出現病人，或被捲入親戚的糾紛中，經常惹禍上身。

除此之外，也容易發生被部屬捲款逃走，遭遇災害或盜難的事情。

成為凶相者是丑年和寅年出生以及八白土星出生的人。

西北

丈夫無法出人頭地。事業家的經營有頹廢趨勢，也可能破產

瓦斯台或流理台通過乾的福線上時，家運會漸漸衰微。而且會危害到一家的

主人身上，恐怕演變成家庭崩潰。

家相是要促成家族的幸福，因而最重視做為一定之長座位的西北方位。在西北方位避免建造具有強烈凶意的項目，是維護幸福家庭的關鍵。

成為凶相者是戌年與亥年出生和六白金星出生的人。

廁所

因設置場所而改變家運的盛衰

家相中最棘手的是廁所。最近隨著沖水式廁所的普及，和以往的廁所比較起來已改善了不少。再加上空調設備的健全，也解決了臭氣或空氣污染的問題，因此，廁所所造成的凶意已不如從前強烈。

另外，最近也有乍看之下令人難以發覺是廁所的設計，彷彿一個房間一樣還有電視、電話、書櫃等的設備。這樣的廁所應該是屬於特殊的例子，不過，一般普通的家庭也會想盡辦法在廁所裡裝飾花紋壁紙或擺飾鮮花以創造清潔感。擺脫以往做為處理污穢物的骯髒場所的形象，給予清潔的面貌而納入生活的一角。

這種傾向以家相的立場而言令人可喜。今後希望各位能盡量活用空調設備保

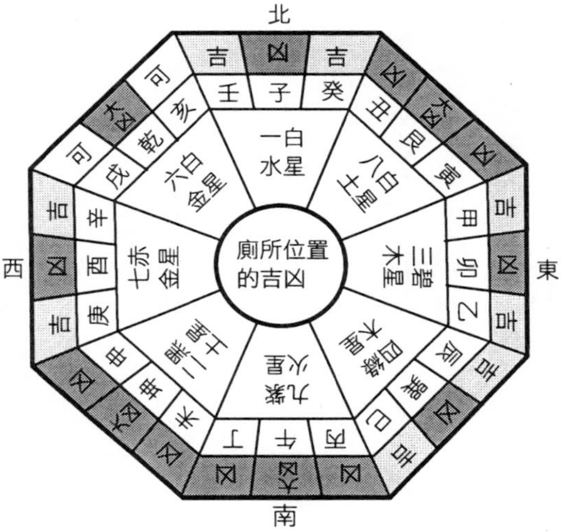

持清靜的廁所，以減弱凶意。

但是，不論如何匠心獨具地費工夫在廁所的裝飾上，只要有廁所的存在，就無法完全消除凶意。事實上，根據廁所設置的場所很容易出現疾病、經濟破綻、家庭失和、斷絕、離別、家運衰弱等現象。不過，只要維持清潔即能減弱凶意也是事實。總而言之，必須慎重選擇廁所的位置。尤其必須特別注意對健康造成障礙的方位。

首先必須忌諱廁所的位置建造在家的中心；第二是鬼門的方位（東北與西南）；第三是不可設置在正中線上。所謂正中線是指正北、正南、正東、正西的四個方位。

第四是自己出生的星座方位。譬如戌年出生者不可在戌方位的西北西、巳年出生者不可在巳方位的南南東搭建廁所。尤其是子年、卯年、午年、酉年出生的人必須留意北、東、南、西的方位。如果不知情而在這些方位上搭建廁所，不僅會因疾病而苦惱也會發生遭逢事故、陷入財務危機、名譽受損等現象。會經驗雙重的痛苦，必須特別的留意。

即使再怎麼改善，只要有廁所總難以避免一些凶意。決定搭建廁所時，希望不要設置在上述四個條件的方位。

其次，最近常見的是搭在二樓的廁所。二樓的廁所也和一樓一樣必須設置在不符合前述四個條件的方位。另外，即使二樓的廁所是位於安全的方位，若正好處於一樓的神壇或佛堂之上，玄關或起居間之上，則為凶相。

譬如，東南的玄關是吉相。但是，如果其上有廁所則會變成凶相。起居間的樓上有廁所時會造成家庭不和。

由此可見二樓的廁所比一樓的廁所的凶意更強，必須小心留意。

在二樓設置廁所時必須和一樓一樣找尋安全的方位，而且要在對一樓不會造成妨礙的場所。至於那個位置最安全呢？當然是一樓廁所的上方。而其條件是一樓的廁所必須位於安全的方位。其次是浴室的上方、櫥櫃的上方、走廊等。

東　容易遭遇交通事故或突發事故

正好是正中線上的卯方位，絕對不可設置廁所。如果在東設置廁所時，要轉向甲和乙的方位。如此則不會遭受禍害。

除了事故之外，還有要注意男孩、尤其是長男的素行會變壞，恐怕會產生離家出走等情況。有男孩的家庭位於東方位的廁所要特別留意。

成為凶相者是卯年出生的人和三碧木星出生的人。尤其是卯年出生的男性要特別注意。

西　女性難逢結婚運。也有經濟上的苦惱

絕對不可在正中線上的西方位設置廁所。若不想辦法偏向庚和辛的方位則會對該家的女性造成不良的影響。女性會有行止不良、無法獲得良緣等情況發生，因此，有女孩的家庭絕對不可在西方位搭建廁所。

除此之外，你可能產生經濟上的苦惱或告貸之苦。

成為凶相者是酉年出生的人和七赤金星出生的人。尤其是酉年出生的單身女子難逢結婚運。

南 以人緣為業者是大凶。會失去名譽、聲望

南的廁所是凶相。尤其是正中線上的午方位絕對不可設置廁所。若在南方位設置廁所時，做任何事都無法稱心如意。不能博得人緣、沒有出頭天的日子、製造不出暢銷商品。非但努力無法獲得回報，反而惡名昭彰而難以工作。

成為凶相者是午年出生的人和九紫火星出生的人。尤其是以人緣為業者，絕對不可在南設置廁所。

北 會有疾病之苦、兒女的素行變壞

正中線上的子方位絕對不可設置廁所。如果在北方位設置廁所時，必須偏向壬和癸的方位才得以安心。

北的廁所會使家庭內的煩惱增多。家有病人、兒女素行不良、被部屬背叛、

親戚的糾紛等問題。當然家運也會日漸衰退。

成為凶相者是子年出生和一白水星出生的人。

東南

頓失社會信用，招致事業不振

家相中東南與西北是招福的方位。如果在其福線上搭建廁所等障礙物會破壞運勢。尤其不可在巽方位建造廁所。儘可能偏向巳與辰的方位搭建。不過，這只限於巳與辰以外星座的人。

如果在東南搭建廁所，一切事物很容易在中途受到破壞。譬如，婚事不成、買賣契約解除、或有糾紛的狀況等。

成為凶相者是巳年與辰年出生的人，四綠木星出生的人會有強的凶相。

西南

主婦變得病弱，失去勞動意欲

西南是裏鬼門，在這個方位的四十五度內都是凶相。尤其是在坤方位搭建廁所時會加強凶意，必須特別注意。

首先，會對主婦產生影響。出現容易生病、失去勞動意欲、焦躁不安、無法久居家中等現象。如果守護家庭的主婦，其心情變得黯淡，就難以建立幸福的家庭。如果這個方位有廁所，應儘早轉移到吉的方位乃為萬全之策。

成為凶相者是未年與申年出生和二黑土星出生的人。

東北

容易產生親戚間的紛爭或不動產的糾紛

東北正是表鬼門，這個方位裡的四十五度全是凶相。不可設在艮方位。如果在這方位搭建廁所，會因財產繼承問題產生糾紛。同時，很容易造成男孩病弱、素行不良的情況。

在不動產關係上蒙受損失的也是這個方位。

成為凶相者是丑年和寅年出生的人、八白土星出生的人。尤其是男性會有強烈的凶意，應特別小心。

西北

禍害集中在一家之主的丈夫

西北和東南一樣是位於福線上，若在這個方位搭建廁所，難以招來福氣。若不慎重處理乾方位則無法發展家運。家相中西北乃是家長之座，這個方位若非吉相就無法維持家庭。若要丈夫永遠健康為家人而勞動，絕對不可在這個方位搭建廁所。

成為凶相者是戌年與亥年出生的人，六白金星出生的人。尤其是戌年與亥年出生者比其他星座的人有更強的凶意，必須特別小心。

浴室　必須注意溫度與濕度、水氣與火氣

浴室雖然不像廁所帶有不淨的形象，不過，基本上所要顧慮的問題和廁所大同小異。

浴室乃是清洗污穢身體的場所，而且比起廁所濕度更高。由於有適當的溫度與濕度，是雜菌的絕佳繁殖場所。

自古以來，都忌諱浴室搭建在表鬼門的東北。浴室位於鬼門的方位的確是凶相。鬼門方位上不僅是浴室，連建造廁所、廚房、玄關也會成為凶相。

浴室必須從水氣與火氣兩方面來考慮。為了避免濕氣聚積於家庭內應注意家庭的隔間。絕對不可疏忽地把浴室搭建在接近家的中心場所。最好是讓廁所與浴

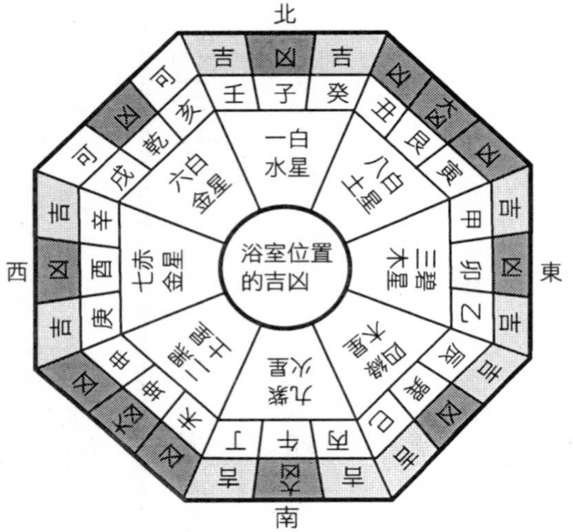

室並列搭建在稍微外凸的部份。最令人畏懼的並非浴室的位置，而是裝盛洗澡水的浴槽與熱水器位於鬼門線上時。

如果浴槽與熱水器通過鬼門線，會使家族裡出現常病者、或染患神經痛、風濕、中耳炎的病人。如果接受治療而沒有任何改善時，應先確認浴槽與熱水器的方位。如果浴槽正位於鬼門線上，請改變浴槽的位置。如果把浴槽改成縱向或橫向，相反方向即可避開鬼門線。另外，浴槽內存水也是凶相。同時，也忌諱在二樓搭建浴槽。

不論浴槽設置在那個方位，都必須充分考慮換氣。絕對不要吝惜通風、換氣、除濕等設備的費用。

其次，和廁所一樣不可設置在自己出生的星座與出生的十二支方位上。

東　對男性會造成影響。無法如願以償

浴槽設置在卯方位的正中線上時，會對男孩造成不良影響。一切事物無法順利進行或中途失敗。不過，甲和乙的方位則無礙。

成為凶相者是卯年出生和三碧木星出生的人。尤其是這個星座出生的男子，應避免這個方位。

西　女性在糾紛上吃盡苦頭、家族中會有品性不良者

浴槽位於西方位的正中線上時，女性會因糾紛或照料他人之事辛苦不已。家族中會出現素行不良者、常有金錢上的煩惱，一切的禍害都集中在女性身上。若是庚和辛的方位則不必擔心。

成為凶相者是酉年出生的人和七赤金星出生的人。這個星座出生的女性一定要避免。

南 **有眼睛疾患。會因失職而無以為生**

絕對不可將浴槽設置在午方位的正中線上。否則必定遭受禍害。儘可能設置在偏向丙與丁的方位。

南的浴室會染患眼疾或心浮氣躁等身心症。另外，據說這是家族中的年長者常有辛勞之相。除此之外會有失職、受異性誘惑而身敗名裂等禍害的產生。是危禍極強的方位。

成為凶相者是午年出生和九紫火星出生的人。

北 **成為誘發家庭不和的原因，在社會上孤立**

位於子方位的正中線上是大凶。夫婦感情不睦、無子孫福、家庭內的糾紛不斷。非但無法維持人與人之間的信賴關係，在社會上也形成孤立。如此一來，難以展望家庭的發展。儘可能設置在朝壬和癸的方位。

成為凶相者是子年出生和一白水星出生的人。

東南

簽定契約等易在中途露出破綻。或因親戚朋友而蒙受損害

東南的方位是招福的方位，必須慎重處理。因此，不可特意設置帶有強烈凶意的浴室。儘可能避開巽方位的福線上，而設置在辰與巳的方位。不過，辰年出生者與巳年出生的人，正好是自己出生的方位，絕對不可設置。請注意凶意比其他星座的人更強。

有些人認為東南的運勢乃是一展長才而內外聞名的方位，是為吉相，不過，卻難以令人苟同在福線上設置具有強烈凶意的浴室。

成為凶相者是辰年與巳年出生和四綠木星出生的人。

西南

為疾病所苦。尤其是女性容易染患婦女病

坤的鬼門線上更為大敵。家族中病人不斷。尤其是容易染患胃腸病和胰臟的疾病。女性會因婦女病而煩惱不已。儘可能轉移到其他的場所。

最近大家已認識鬼門方位的凶意可怕，這是令人可喜的事。搭建房子時在設計圖的階段應避免在鬼門方位設置家相中認為禁忌的項目。

成為凶相者是未年與申年出生和二黑土星出生的人。

東北

病難之相——尤其是手足與腰部的病痛。男孩容易遭受禍害

和坤一樣艮的鬼門線上是大凶。家族中病人不斷，尤其常有手足與腰痛的煩惱。這可能演變成不治之症，應特別注意。

除此之外，會有難以生育男孩的現象。即使育有男孩也會變得病弱或素行不良，成為難以教養的孩子。

成為凶相者是丑年和寅年出生的人和八白土星出生的人。

西北

遭逢經濟困難之相，一家之主蒙受禍害

乾的方位和巽一樣是位於福線上，因此，最好避免招致凶意的項目。這是招福的重要場所。而且也是家長之座，如果在此設置浴室會使一家之主蒙受禍害。工作無法隨心所欲地進行、因疾病而累倒時，一家的生計將陷入困苦。如果將金錢借給他人，恐怕會碰到倒帳或銀行融資等金錢上的糾紛越來越多。

成為凶相者是戌年與亥年出生的人，六白金星出生的人。

神壇與佛壇

神壇在門樑之上，佛壇與眼睛齊高

最近有越來越多的家庭既無神壇也無佛壇，但是，搭建新房子時最好設置神壇與佛壇。感謝神並祭祀祖先乃是人應有的生活方式。若無敬神崇祖的觀念則不可能有家運的繁榮。

神壇是安置神明的場所，因此，必須設置在適合神明的方位。

神壇最好設置在離家的中心的北或西北之神聖場所。而且要設置高過門樑。

絕對不可比佛壇更低。多多少少要讓神壇高過佛壇。

在佛壇上祭神並無妨，不過，佛壇與神壇之間必須留下空間。而最忌諱的是在一個房間裡讓神壇與佛壇相對的設計。

另外，常見有些家庭把故人的照片裝飾在門樑上等位置，若是擺設有神壇的房間則不可做這樣的裝飾。因為一旦擺飾在房裡的照片多半會有靈附著，因此，必須移轉到其他的房間。千萬不可因沒有裝飾照片的房間而把它收藏起來。這時只要把它裝飾在比神壇更低的位置，而避免與神壇相對。

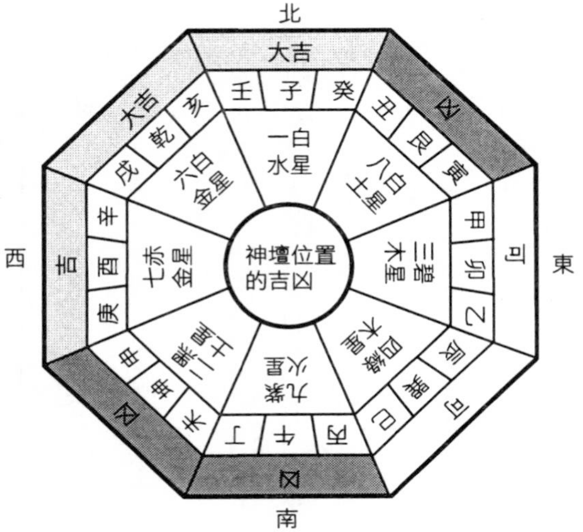

不可設置神壇的場所是東北與西南的兩鬼門方位和南方位。除此之外，廁所、浴室、廚房附近或樓梯下方等也是凶相。二樓搭建的房子在樓下設置神壇時，千萬注意不要位於成為雙腳踐踏的場所。

有家之後必須設置祭祀祖先的佛壇。祭祀祖先乃是身為子孫的責任。請各位務必記住我們是因為有祖先的守護才能擁有目前幸福的生活。若能早晚合掌在神佛堂之前，帶著感謝的心祈禱，必可獲得神德而使得家庭安泰、家運繁榮。

佛壇和神壇一樣因設置的位置可能變成凶相，必須注意。

首先，絕對不可設置在家的中心。這是神所處的場所，必須忌諱。其次是東北與西南的兩鬼門方位和南方位。至於設置在東而朝西的方位，有吉凶兩說。一般認為西乃是與西方的極樂淨土相關的方位，因此，似乎有不少人認為應該設置在西朝東的方位。最好的方法是依各人家庭的宗旨選擇佛壇的方位。

一般認為最好將神壇設置在神聖的場所，佛壇則儘可能設置在與家人可接觸的場所。同時，佛壇最好位於和家族的視線同高的位置。千萬不要設置在櫥櫃或門樑上方等高的場所。

而更重要的是每天早上要帶著感謝的心在佛壇前合掌祈禱。

走廊　設置不當會造成家庭內外的對立、不幸

家相中走廊、樓梯都是難以取得吉方位的項目。與其選擇方位，更重要的毋寧是減少走廊的設置或縮短其距離。

最凶相的走廊是把家庭二分化的走向，或從玄關直貫入室內分割房屋為左右的設計。走廊最重要的並非方位而是其走向的問題。

譬如，貫穿東西而將房屋截斷的走廊會引起夫婦、男女間的對立、老人與年

輕人的對立、婆媳的對立等。

另外，貫穿南北而分割房屋的走廊，具有暗示上司與部屬的對立、親子間的對立、老師與學生的對立、主人與僕役對立等上下關係的意見對立、不幸。

不論是那一方位，只要將家庭二分化的走廊都難以消除家庭內的對立、紛爭的火種。若不儘早改善，無法平息家庭內的對立。不過，屋內有走廊可以方便活動。若能善於運用走廊，就不必通過隔壁的房間也能直接進入各個房間，因而能維護私人空間。

但是，雖然長距離的走廊在利用房間上極為便利，從家相看來卻成為凶相，因此，必須使走廊的長度不超過屋長的三分之二。雖然短小的走廊對房間的出入多少會造成不便，卻也比成為凶相好。

代表性的凶相走廊如下：

▼貫穿住宅的中走廊

將房屋二分化的走向，從家的一端貫穿到另一端的走廊。有這種走廊的家庭很容易造成家族的斷絕。親子、婆媳、主僕之間糾紛不斷。但是，若是料理店、旅館等生意場所又另當別論。

根據走廊的走向而改變吉凶

• 貫穿住宅的走廊（與方位無關都是凶相）

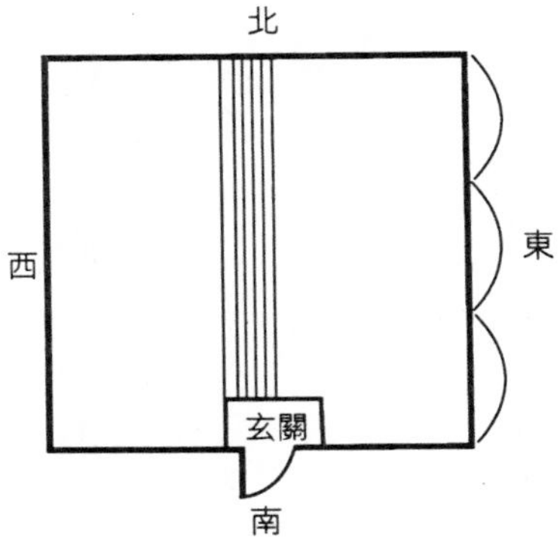

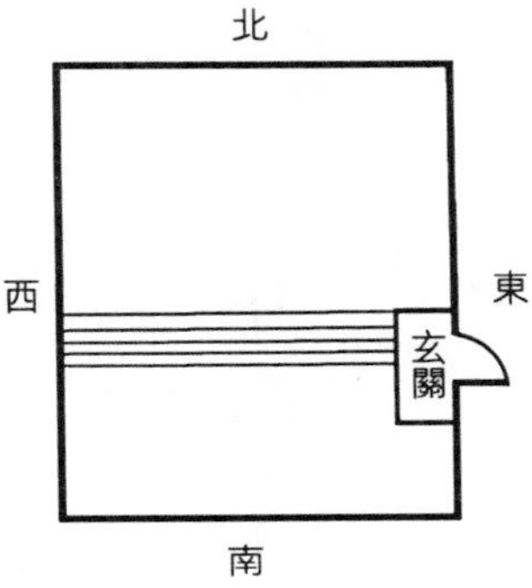

（走廊的長度必須低於住宅一邊的三分之二）

• 外圍的走廊
（與方位無關都是凶相）

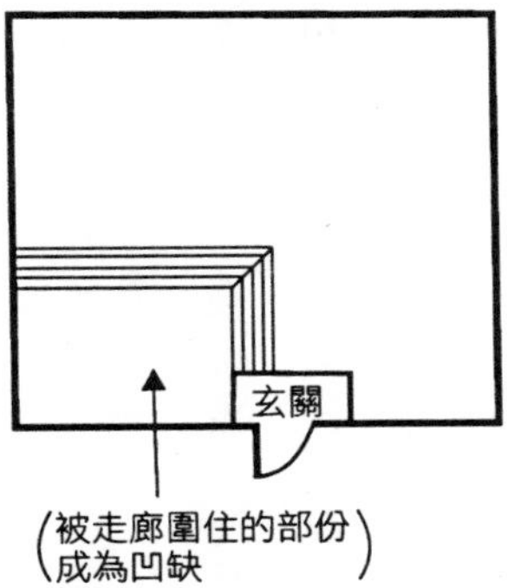

• 連接的走廊
（走廊的寬度必須是1.8m以下）

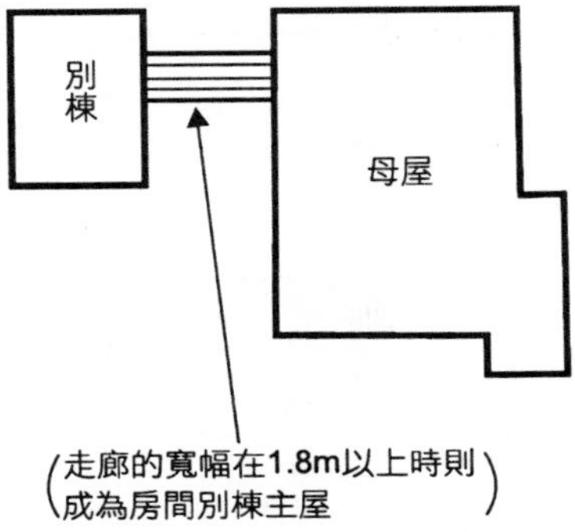

▼外圍的走廊

走廊圍繞在房間周圍的型態。

▼連接的走廊

連接主屋與老人房間的走廊或連接兩個房間的走廊。即使各個房間分別看來是吉相，若是以走廊連接成一個家時會使家的中心改變。不過，這是指二個家族共同生活的情況，若是不同的家族各自生活時則無妨。

走廊將住宅二分化時為凶相

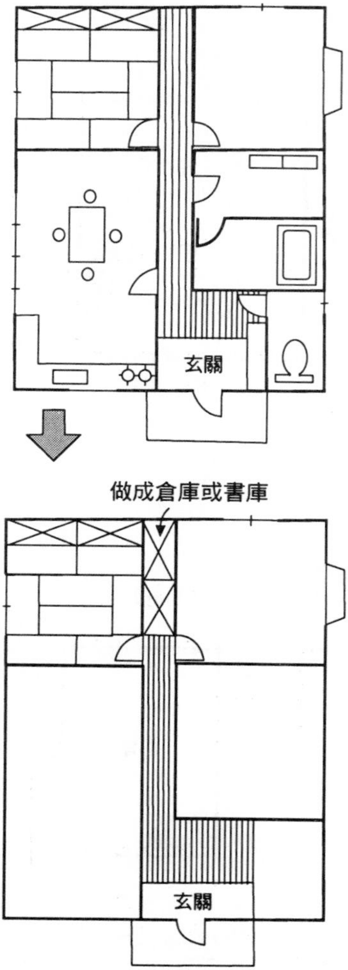

▼走廊的盡頭有廁所

不論何種方位只要在走廊的盡頭有廁所則成凶相。如果不得已在該位置設置廁所時，必須往側邊設置。

▼走廊多的家庭

走廊多的家庭是凶相。這完全是走廊與房屋之間比率的問題，走廊必須只佔全體面積的一成的範圍。

樓梯　注意樓梯頂端的位置

家相中樓梯和走廊一樣是難以成為吉相的項目之一。而且走廊與樓梯會改變空氣的流向，更為棘手。

走廊是風或空氣呈平面的流向，樓梯則變成上下的立體流向，因此，設置的方位或位置成為重要關鍵。若顧慮通風的問題，樓梯是極為便利的設計，但是，如果弄錯設置場所會變成危險的家相，應充分考慮清楚。

設置樓梯時最應注意不要設置在家的中心。如果家的中心有樓梯很容易造成

樓梯中心的計算法

直行樓梯

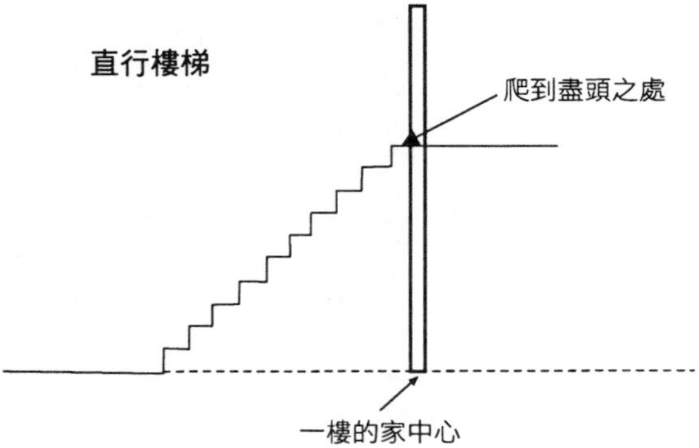

彎曲形樓梯

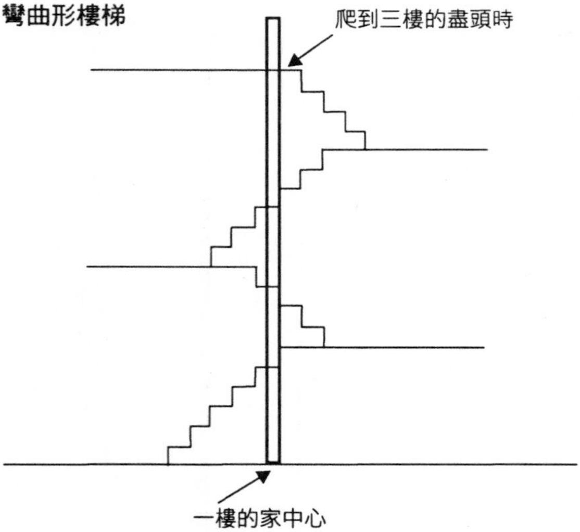

遭遇突發事故、事物中途失敗、節外生枝等凶現象。而且主要發生在一家之主的主人身上，因此，問題可忽視不得。

首先，必須調查樓梯是否位於家的中心。不過，在廣大的空間裡根據樓梯的那個部份所設置的方位，會使家相呈現吉凶的不同。

在此所指的中心位置並非樓梯往上爬升的第一階或第二階。如果二樓蓋的房子是指爬到二樓時的平台是否位於一樓家的中心。若是三樓建的房子則是爬到三樓時的平台與一樓的家的中心是否一致的情況。

即使樓梯往上爬升的第一階或第二階正位於家的中心，也不會發生問題。樓梯一半以下的部份並無需掛慮，但是，樓梯一半以上的部份就要留意。

符合這個條件的是一樓與二樓由同一家族使用，或者一、二樓連接著由同一個家族使用的情況。這些全都是室內樓梯，如果像大廈的型式，各樓由不同的家庭使用時另當別論。

至於樓梯正位於家的中心，卻很難改正。因此，在搭建房屋時必須先考慮清楚。

其次，若是直行樓梯則在攀爬到頂點的一公尺之前往左或右彎曲，改成曲折式樓梯的方法。總而言之，這都是大費周章的工程，因此，必須在設計圖的階段即留意樓梯的設置位置。

另外，成為凶相的樓梯是階梯間漏空狀的設計。這是最近增多的樓梯設計之一，由於階梯之間呈漏空狀，具有輕快而使空間變得廣大的解放感。狹窄的房屋裡設置佔取空間的樓梯，會令人感到沉重的窒礙感。也許是基於這樣的緣故，最近有越來越多使用階梯漏空的樓梯。

但是，樓梯所造成的事故卻意外地多。而且似乎都集中在這種樓梯（階梯之間有空隙的樓梯）。在家裡設置樓梯時應顧慮設置的方位與防止事故的措施。

車庫

設計成住宅的一部份是凶相

在現代人的生活中車是不可或缺的物品。這種傾向今後將日漸顯著。

在車已成為庶民代步工具的現代，住宅與車庫不得不一併考慮。因此，今後的住宅必須思考車庫的設置位置而做整體的設計。

如何處理急遽增多的車庫，是現代人所面臨的問題。以往的家相多半把車庫

車庫的設置法

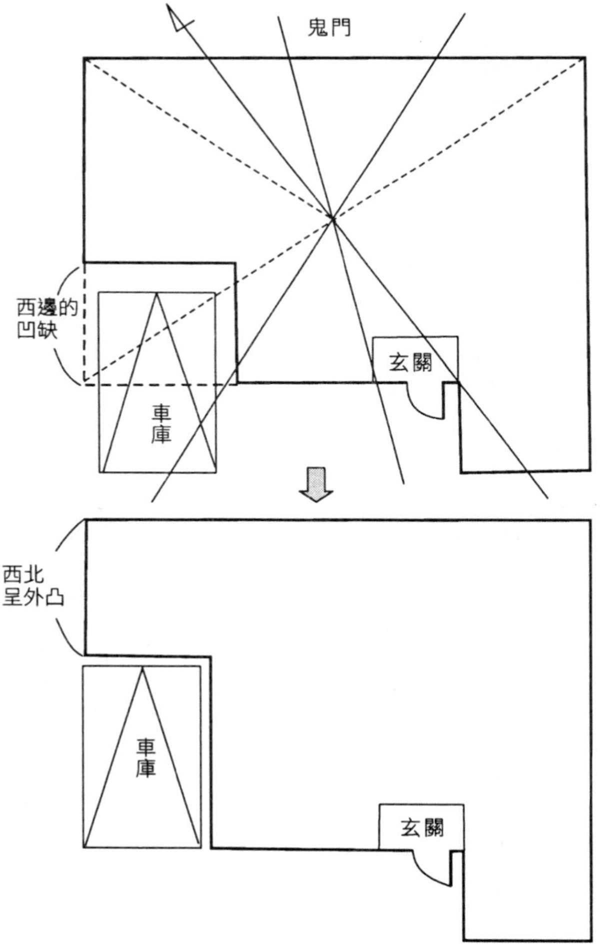

設置車庫時與其變成住宅一部份的凹缺，毋寧做成外凸。

和倉庫或別棟相提並論，其實這是錯誤的觀念。

車庫或別棟不論其內容如何重要的是，其建築物所存在的方位，因此，和動態的汽車完全迥異。汽車只要一發動即會排出一氧化碳或亞硫酸廢氣。因此，把排放有毒廢氣的汽車與倉庫或別棟一規同仁是錯誤的判斷。

如果把車庫設置在住家的旁邊，會讓家人每天吸取車內的有毒廢氣。因此，不論是設置在那個方位都無法成為吉相。

基於這個觀點，車庫不論設置在那個方位都會變成凶相。如果是距離住宅十公尺以上的車庫則成為吉相。

雖然不要把車庫設置在住家的旁邊，然而在以車代步的現代車庫，已漸漸成為住宅的一部份。在這樣的現狀下至少也要讓車庫位於吉相的方位。

在各種車庫建造法之中，最近常見的是將住宅一部份做成凹缺來建車庫的設計。這也許是受制於狹窄的土地，為了有效率地搭建住宅與車庫所產生的智慧，然而卻非好的辦法。不僅是車庫所具有的凶意，還會添加住宅凹缺的凶意，憑白地遭受雙重的禍害。

碰到這樣的場合不要使住家有一部份變成凹缺，不如盡量擴大車庫的空間使住家的一部份變成外凸的形狀。而其條件是外凸的部份不可位於鬼門方位。

車庫與道路的位置關係極為重要，因此，在搭建房屋時應先決定玄關與車庫的位置之後再設計。如此一來，才方便設計出吉相的住家。

另外，也有人在地下室或把一樓做成車庫，住家則位於其上。這也是凶相。

至於何者才是吉相的車庫呢？如前所述，在離住家十公尺的場所設置車庫。在土地難求的住宅現況中，這也許是無理的要求。但若是以家人的健康為優先考慮，只能在住家附近租借停車場。

如果無論如何想把車庫搭建成住家的一部份時，須注意汽車的排放廢氣，不可流入住家內。把汽車停放在車庫內時，最好不要倒車停放，而將排氣口朝向車庫外。利用厚牆壁隔離住宅與車庫以避免廢氣的流入或建造成露天停車場。

可以設置車庫的方位是東、西、東南、西北。但卻無法成為吉相，因而必須留意家人的健康。

凶相中的凶相是東北和西南的鬼門方位以及南和北。鬼門方位最好做成露天停車場，而南與北則利用水泥牆做成堅固的車庫。

另外，必須在住宅的周圍或車庫外圍多量種植常綠樹。雖然無法因此而完全避免禍害卻能預防。

門是招福納運的入口

門和玄關一樣因道路的位置關係而決定。根據道路與建築用地的方位問題而決定門的位置。

吉相門的代表是巽門（東南門）和乾門（西北門）。其次是東與南門。北與西門若沒有設置在正中線上則無礙。

成為凶相門是東北與西南的兩鬼門方位。但是，傷腦筋的是由於與道路之間的關係很容易搭建成東北與西南門。不僅是北道路或西道路，即使東邊有道路也曾在東北方位設置門。

有些情況是為了有效地運用日曬好的東、東南的方位，而不設置巽門卻做成東北門。這乃咎由自取，即使家相再好的，若是重要的大門成為凶相，非但無法帶來吉運還會遭逢凶運。

請各位不要忘記門與玄關乃是招福納運的入口。換言之，吉相的入口會招致幸福，凶相的入口則有禍害上門。

門不僅有方位上的問題，還有各種的傳說。其中有些純屬迷信，卻也有不爭之事實。可見門的吉凶對家運有重大的影響。

以下列舉代表性的金言以供參考。

◉門的兩側若不平行，會使夫婦感情不睦。

◉門與外牆同高時，會招致火難。

◉門柱不著地會喪失主人。

◉在石後置門會使妻子離家出走。

◉門旁有水井會招致難病。

◉門前植柳樹為凶相。

◉用粟米做門可預防盜賊。

◉門柱中途銜接會使子孫蒙受災害。

◉門柱上多節會染患皮膚病。

◉門柱歪斜無法達成心願，家運傾倒。

◉門前有大石會染患胸口之病。

◉門前有三角石曾遭遇火難、糾紛。

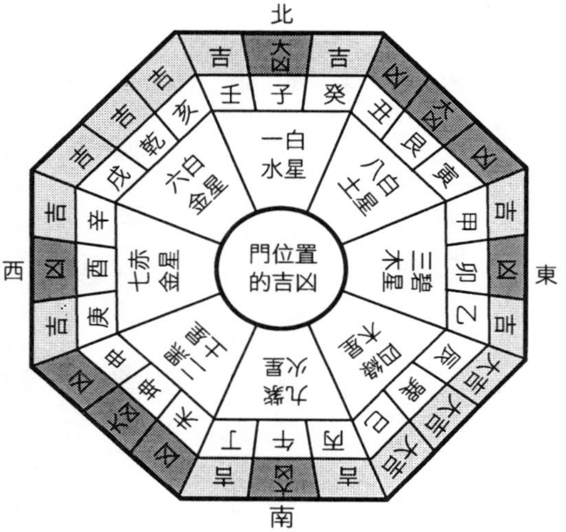

◉門前有平圓之石會出人頭地。

◉先建門而後建住宅則成凶相。

◉門與廁所相對為凶相、染患皮膚病。

◉門與倉庫相對是散財之相。

◉門大而家小是凶相。

◉門高於住家是凶相。

◉在表鬼門與裏鬼門建造門，是凶相。不過，醫院、當鋪、化學工廠則是吉相。

◉門與門正面相對是凶相，必須往側邊移開。

◉在東、西、南、北方位的正中線上設置門是凶相。

◉門的正面或直角上有馬路是為凶

相。

◉門的正面有玄關是凶相。

◉門與玄關之間最好呈徐緩的爬坡。

◉門高而玄關低是凶相。

門的架構代表居住其內者的人品。因此，過於富麗堂皇的門不受人歡迎。最重要的是要設置與住家協調的門。門比住家略小，帶有謙虛感才能博得好感。因為門是迎接人而非拒絕人的關卡。

東　家運具有發展性支出卻多，無法蓄積錢財

在東的正中線上的卯方位有玄關時，會有長男的繼承問題，而由次男或三男繼承家業或由養子繼承。除此之外與金錢緣薄。

但是，如果東門由卯方位偏向甲、乙的方位則無問題。而變成家運可望發展的吉相之門。

成為凶相者是卯年出生的人和三碧木星出生的人。

西

從事飲食業的人是吉相，一般家庭則糾紛不斷

在西的正中線的酉方位上建造玄關則成凶相。難生男孩，即使生男孩也是病弱之身。不過對女孩卻好。據說是寡婦相或回門的女性所住之門。

總而言之，若避開正中線上的酉方位，而建造在庚與辛的方位上則無大礙。成為凶相是酉年出生的人和七赤金星出生的人。尤其是男孩會出現強烈的凶意，必須特別注意。

南

可獲名聲、名譽，實質上卻窘迫不已

南的正中線上的午方位是大凶相，丁和丙的方位則為吉相。這暗示在精神方面領域上活躍的學者、作家、藝術家可獲得人緣。不過，農家、商家的人在經濟上會發生拮据現象，應避免。即使表面狀況不錯，實際上卻是捉襟見肘的狀態。

成為凶相者是午年出生的人和九紫火星出生的人。

北

主人運勢一衰退由妻子掌握主權。常有散財與疾病之苦

正中線的子方位是大凶相。不過，壬和癸的方位則無礙。北門會吸收陰氣而使家運衰微。同時，家中會有不孝子而散失錢財。家族中多病人。容易遭遇風流劫。難以保持人和。財產漸漸散失。

成為凶相者是子午出生的人和一白水星出生的人。

東南

納福入門可獲強運。生意興隆、子孫昌盛之大吉

巽（東南）門和玄關一樣是使家運發展之相。成為家運興盛、福運自遠方而來之家。不過，如果大門凹缺則會因照料家族之事而有多項支出或辛勞，家運會漸趨衰退。

成為凶相者是辰年與巳年出生的人和四綠木星出生的人。絕對不可在自己生年的方位上設置門。如果辰年出生者在辰的方位、巳年出生者在巳的方位建造門則呈凶相。相反地，辰年出生者在巳的方位、巳年出生者在辰的方位則無礙。

西南

別名死門、病門而受人嫌棄。常有災病

西南門別名死門或病門，因而遭人忌諱。常有疾病之苦惱。其特徵是女性容易遭受禍害。

鬼門的門會將各種禍害帶進家庭，必須注意。

容易遭受禍害者是未年與申年出生的人和二黑土星出生的人。

東北 又稱盜人門而遭人忌諱。盜難、病難、糾紛不斷

和西南一樣被稱為盜人門而遭人忌諱。家庭內陸續產生難題而使家運衰退。病難、盜難、親族的糾紛等不斷。因此，交際範圍變得狹隘而形成孤立。

尤其容易遭受禍害者是丑年和寅年出生的人以及八白土星出生的人。

西北 是招致幸運的吉相門。卻不適合商家

一般認為這是吉相門。但是，必須注意開閉口不可設置在乾的四隅線上。

乾門是幸福降臨的吉相門。常有貴人、賢人出入，受幸運之神的垂憐而出人頭地。不過，如果大門呈凹缺狀會因親族的協調問題而疲於奔命。

成為凶相者是戌年與亥年出生的人和六白金星出生的人。

造園　池塘或庭石的設置應慎重

《池塘》

在一般家庭的狹窄庭院裡建造池塘幾乎都是凶相。老實說一百坪以下的宅第應放棄池塘的建造。若是擁有一千坪的廣大宅邸，建造一個富有古趣的池塘則無妨。但是，狹窄的庭院並不適合迷你版的古風庭園。雖然嚮往山水風情之心不難理解，卻令人畏懼從池塘所遭受的禍害。

渴望住在有一個迷你型池塘的家庭，也許是人的本能。誠如「從水中（羊水）而生，結果回歸於水內」，人一旦與水接觸會令人感到心平氣和的安適。也許因為這個緣故而渴望與水親近。

對於建造池塘有各種的條件限制，首先必須解決這些限制。如果怠慢疏忽則會惹禍上身，應特別注意。

小池塘如果怠惰於整理會立即腐壞，因此，必須隨時保持池內水質的清淨，使其循環不已。

一般的家庭最好不要建造池塘，如果執意要搭建池塘，應設置在東南或西北的方位。似乎有不少人在東或南的方位上建造池塘，然而這些方位由於強烈的日曬會使水面反射而影響視力。其中有人因而失明。

也許有人認為只不過建造一個小池塘怎麼可能落得失明的慘劇，這未免言過其實，這確是實際發生的例子。

據說池塘要造於住宅高度的三倍之前。否則必須在池塘與住宅之間種植樹木以預防水面的陽光反射。不過，如果沒有廣大的建築用地根本無法建造如此奢侈的池塘。

《庭石》

似乎有不少人是石頭的愛好者。但是，石頭很容易附著不乾淨的陰魂或動物靈魂，絕對不可任意攜帶回家。這也是不可輕易地從河邊撿拾石頭或收藏來歷不名的石頭的緣故。

喜好石頭的人，很容易任意將石頭帶進庭園，但是，庭石過多乃為凶相。另外，也應避免形狀如人的臉孔、類似動物的模樣、令人感到陰森的石頭。

因為石頭的因緣而蒙受的禍害是突如其來、防不勝防，更令人感到恐懼。譬如，原因不明的疾病、突發事故或受傷、歇斯底里症狀等。

石頭全都是陰性，如果在庭院裡擺置大量的石頭會使庭院帶有強烈的陰性。陰氣過強時會使家運衰退。當然也會有疾病之苦惱。

本來家的周圍必須經常保持強盛的陽氣，否則無法使家運增強。但是，如果刻意在庭院裡擺放庭石而增強陰氣，會連帶著使家運遭受損害。

事實上，不要有庭石反而安全。如果無論如何想要擺放庭石，最好選擇低矮且新的石頭。庭石數目儘可能減少，最好是形狀平滑呈圓形的石塊。如果是前端尖銳呈三角形的石頭，會使家庭產生紛爭。

古人有言「大石應泰半埋入地中來觀賞」，這表示庭石不可擺設在比住家地面還高的位置。

總而言之，庭石不可過多、過高乃是成為吉相的條件。而成為吉方位的場所是西北與西的方位。

《庭木》

種植在庭院周圍的樹木必須全都是陽木。若種植陰木則成凶相。如庭石一節所言，家的四周必須經常維持強盛的陽氣，否則無法招致幸福。

住家周圍有適度的綠意，不僅在精神上可獲得鬆弛，也能達到空氣淨化的效果。而且承受陽氣之助也能獲得強運。

這也是使家相化凶相為吉相而種植樹木的緣由。另外，一般人也常利用在建築物的凹缺方位種植樹木以緩和凶意。

由此可見，樹木所具備的能量對人而言是多麼難能可貴。但是，並非任何樹木都具有這種功效。同時，也非種植越多越好。重要的是必須與住家能夠調和，否則無法變成吉相。

陽木如果種植過多反而會變成凶木，因此，必須警惕自己在自己渴望種植多量樹木的慾求上打上三成的折扣。樹木的成長比預期的還快。因此，應該顧慮到五年、十年後的光景而建造庭園。

列舉不可種植在個人家庭的凶木，以及招致幸福的陽木以供參考。

招致幸福的陽木

合歡樹、蘭木、山梔子、杜鵑花、梧桐、棗樹、楓樹、白膠木、榆、檜、牡丹、紫陽花、櫻、柿、木犀樹、松、杉、竹、梅、桃、常綠樹、石楠花、槐、萬年青、柊、菊、蘭、月桂樹

招致禍害的凶木

芭蕉、棕櫚、木瓜樹、鐵樹、楠樹、木槿、石榴、紅絹、梨、百日紅、葡萄樹、柳、榎，除此之外往下垂的樹木、蔓藤類等也應忌諱。

這些樹木根據種植的方位會產生更大的效果，以下一併說明以供參考。

東的方位

種植椿、枸杞樹會使兄弟出人頭地，是為吉相。種植桃、櫻時會染患腳部疾病。種植杏木會發生外遇狀況、種植柳樹會有嗜酒之人。開白色或黃色花朵的草木是為凶。

種植會開美麗花朵的樹木會生美人。

東南的方位

種植桐、桃、梅、紫陽花等是吉。庭院若有椿木會使該家的兄弟出人頭地。

若有挺直的樹木家中會出著名人物。樹枝爬壁而攀延是凶相。種植竹會使該家與外界斷絕。種植柳會因色情而招致歹運。種植鐵樹會染患手足疾病。

南的方位

若非巨高樹木則為吉相。種植梅、棗、檜、梧桐、松是吉。高大巨木長得茂密是凶。家運衰退有病人出現。開白色花之樹為凶。

西南的方位

種植梅、棗樹、牡丹、木犀樹、芍藥、枸杞是吉。種植楠、榎木是凶。大樹覆蓋住家屋頂時該家會陸續出現病人，而成為養子的家系。藤鬚捲住樹木時家族內多紛爭。也容易遭逢盜難。

西的方位

山梔子、榆、棗、松白膠木、檜、柏、菊等是吉。桃有外遇、柳會因亂心而散財。大樹會使女性招致禍害。種植松為不義私通之相。種植開紅花的草木會變得嗜酒，是失財之相，是凶。

西北的方位

松、竹、柿、栗、銀杏、樓、榆、金柑等的樹木是吉。柳樹會產生亂心者。

開紅色花朵的草木為凶。藤鬚攀延樹幹時家內會起糾紛。

北的方位

種植槐、竹為吉。大樹的吉木是良好家品的象徵。大樹枯萎時是家運衰亡的開端。如果給予採伐會招致凶運。若有開紅花之樹則為火難之相。若有桃、杏之木則是女難之相。

東北的方位

任何樹木若成大樹即為凶。種植梅、柊、棗、桃、肉桂樹為吉。種植橙樹對子孫有礙。種植梅樹家族中有喜好學問者。

除此之外有關庭木各種的傳說，下列做參考。

- 家的正中央（中庭）植有樹木其家必定衰敗。
- 寺院種植芭蕉、鐵樹、棕櫚雖好，一般家庭的庭院若種植為凶。
- 南天高過住家屋簷能聚財。
- 家前有竹叢會變貧乏。
- 在南方種植石榴，會使運勢變壞。

- 在家前種植無花果，則病人不斷。
- 盛傳「芭蕉花開時某家滅亡」。
- 庭院若植梧桐，家中有喜好學問者。
- 庭院若植牡丹，某家繁榮。
- 竹與柿木茂密繁盛時家運興隆。
- 樹木或竹林圍繞家的四方，是未亡人當家之相。
- 四神不備的土地，若種植下列樹木可將凶相轉為吉相。

東方無流水時應種植桃、柳樹。
西方無人行往來時應種植榆、山梔子。
南方無低地時應種植梅、棗。
北方無山時應種植杏、李樹。

第四章　招福納運的住宅建築與選擇法

購買房屋或建築房屋的重點

地相必須是吉相

建築或購買房屋時有不少人認為住家本身的格局或方位若為吉相則是安全。但是，住家的格局不良時可以改建，然而重要的建築用地如果不恰當時，則沒有任何補救的辦法。因為土地上所附著的因緣不可能以簡單的方法消除。有此可見土地的因緣極為棘手。

即使明白土地的因緣令人畏懼，一般外行人的眼中並無法辨別是否具有因緣的土地。若是親戚或朋友所承讓的土地，由於土地的經歷極為明確倒不必擔心，但是，如果不動產業者整地清理後的土地就難以得知其履歷。

如整理過的土地從外觀上並無法判斷其吉凶，受令人感到棘手。大片的分割地則能到該地的地政事務所調查土地帳冊而輕易地得知。或者也可向長年住在該地的老人詢問陳年舊事。

對一般人而言購買房子是一生一次的大事業。請注意詳細調查之後再購置房屋，以避免日後後悔。

以下列記任何人都能清楚瞭解土地檢查的重點，以供參考。

◉北面高、南面寬廣的建宅用地是吉相

即使在建築用地的北面搭建高樓大廈，只要南側敞開即為吉相。在東往南的方位呈開放狀的用地上建築吉相之家，可以獲得幸福生活的保障。

◉變形的建築用地容易產生災禍

自古以來家相中認為三角形的土地容易招致災禍。呈凹凸狀的土地也忌諱做為宅第使用。若長期居住在這種土地上精神會變得不安定。即使自己認為正常也會在事物的判斷上出現紊亂，不論做任何事都偏離目標而無法隨心所欲。因此，無法掌握財蓮。

◉曾經有過火災的土地會招致禍害

即使是火勢蔓延所形成的火災，也是該住宅或土地的運氣衰弱的證據。火災之後在成為焦土的土地上立即搭建住宅並無法推展家運。

俗話說「火災之恨延及七代」。更何況若出現死者燒毀後的痕跡，更會帶有亡魂的怨氣。

◉靠近河岸的低地或濕地有害健康

沼澤地或田埂等潮濕地帶填補而成的土地並不適合做為宅地。在這種土地搭建房屋來居住時很容易傷風感冒，或有神經痛等疾病，身體健康會受到腐蝕。非但如此運氣也變差，必須特別注意。

不僅是人類，就連動物或植物等一切的生物，若要維持健康必須承受太陽與大地之氣熱能的恩惠。地相不良時無法承納重要的地氣能源，因此，會有生病、運勢轉壞等禍害產生。

◉古戰場遺跡或曾出現自殺者的土地會蒙受不良因緣的影響

如果家相上並無問題，卻自從住進該土地之後接連有不好的事情發生，或身體狀況變得奇怪時，必須懷疑該土地是否有不良的因緣。

明白造成變故原因出在土地的因緣上，首先必須到寺廟祈求消災除禍。這時最重要的是，要帶著誠心供養土地上的冤魂。形式上的「消災去邪」並無法解決問題。

每年全家人必須接受「住宅消災去邪」的儀式。而且要持續五、六年。然而這並無法完全地消除土地上的因緣作祟，由此可見它的根深蒂固了。儘可能移轉到其他的土地居住。

◉墓地的遺跡，土地公舊址等土地容易遭遇突發事故

曾經是墓地或祭祀土地公的土地，比古戰場遺跡或曾有自殺者的土地，因土地附著的因緣所遭受的禍害較弱。

但是，即使現在平安無事總有一天也會出現不良的現象，應特別注意。如果不知情而在這些土地上搭建住宅，日後只能持續做「消災去邪」。

◉特別便宜的土地有問題

若以低於行情很多的廉價出售的土地，一定是該土地有某種不良的因緣。不過，若有正當的理由則另當別論。

◉草木無法生長的土地或石塊多而不見泥土的土地的地氣薄弱

在無法生育草木的土地建築房屋，家運會日漸衰退。這種土地由於地氣薄弱的緣故使人無法產生活力或氣力。若要變成強運，必須在能充分攝取天之氣與地之氣的場所搭建房屋。

◉利用水味可以得知土地的吉凶

水質美味的場所是吉相的土地。其中尤以香醇的味道最好，甜味的水則是富貴之地。如果是產生酸味與苦味的水的土地則是凶相。

現在每個家庭幾乎都使用自來水，無法得知該地的水味，但是，把它當成知識倒也便利。

道路與建築用地的相性必須配合

家相中認為馬路通過東側與南側的建築用地最好。換言之，是東南的角地。這個方位的一日平均日照時間最長，而更重要的，可以將門與玄關設置在吉方位上。

若要使運勢增強，必須使門與玄關成為吉相。如果進入家庭的第一關卡並非招福納運的入口，就無法獲得幸福。道路若不位於吉方位上，則無法設置吉相的門、玄關。

可做成吉相的門與玄關，首先是東南的角地，第二是南道路，第三是東道路的建築用地。如果西道路與北道路，只要把玄關設置西北的方位，那就屬於安全地帶（有關門與玄關請參照第三章）。

相反地，成為凶相的是三方由馬路圍住的建築用地。住在這種用地所蓋的住宅時，家族會有事故或受傷的人。

碰到這樣的土地，必須在馬路的一邊種植樹木做成外壁。如果土地寬廣可留下兩邊的道路，在剩餘的土地上建造由不特定多數人所使用的大廈或公寓，即可預防凶現象。

住宅四方都有馬路通過的「四面包圍」土地更是凶相。雖然狹窄的土地四周由道路圍住的建築用地並不多，卻是相當獨特的例子。

到鄉下時常見廣大的用地中蓋著一戶人家，這時附近多半有稻田、菜園或果樹園，有一片綠樹的包圍，因此，並不必擔心。倒是狹窄的土地變成「四面包圍」的情況時頗為危險，絕對不可在這種土地上搭建房屋。

馬路盡頭的建築用地也是凶相。在這種土地上搭建房屋時，必須注意門或玄關不可和馬路成一直線。可以把門到玄關之間的通道做成彎曲狀。儘可能在門的周邊種植樹木。不過，最重要的是不要購買「路端之屋」。

三角形的土地也是凶相。一般人常以為建築用地多半是四方形，然而在建造土地上做區分時，很容易因為與馬路的關係而變成三角形的土地。

三面受圍土地的改良法

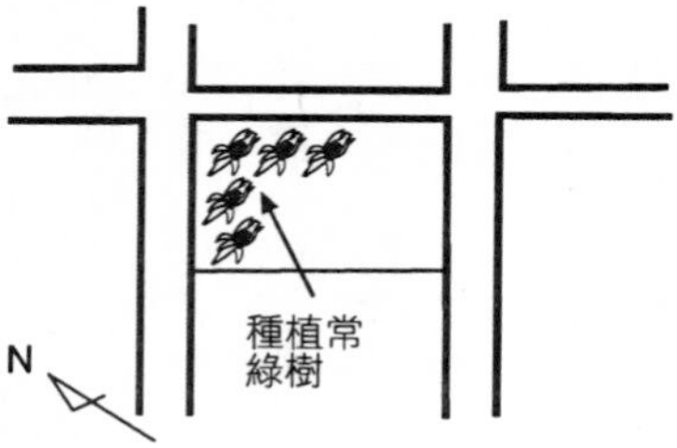

三角形土地的改良法

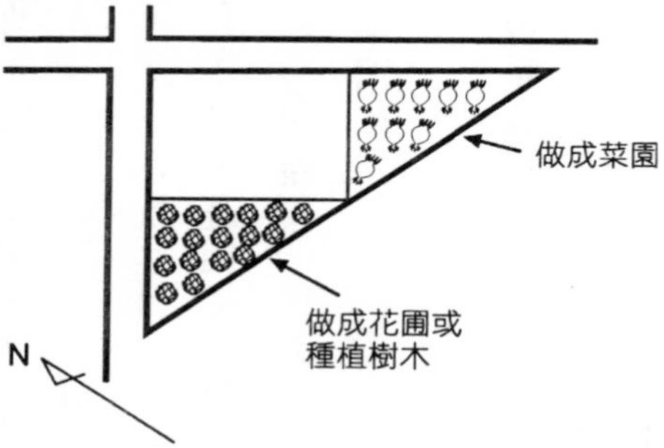

四面包圍土地的改良法

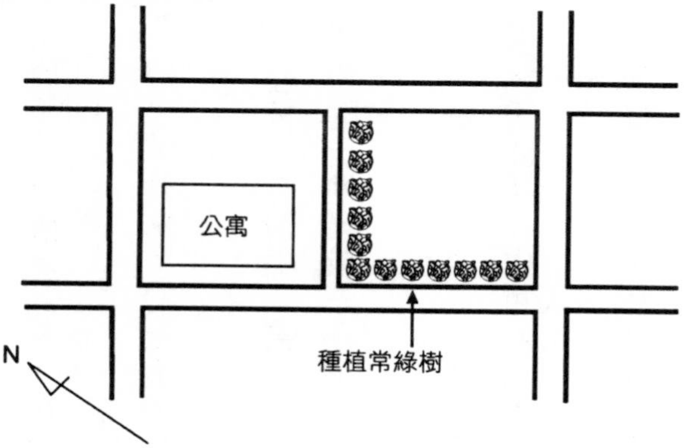

住在三角形的土地上，會變成精神不安定、對事物的判斷失去準則。造成事業不振、產生異性問題，在在都是土地作祟的緣故。總而言之。其特徵是會有特異獨行的舉動出現。

如果土地廣闊倒不難改善。可以分割三角形的一部份做成四角形，即可預防災禍。切割後的部份絕對不可做為倉庫或車庫使用。如果把它納入生活的一部份就失去分割的意義。最好的使用法是做成花圃或菜園。利用草木或花草掩埋所分割的部份，乃是避免災禍的要訣。

必須與家族成員協調的家相

如前所述根據住在屋內的家族成員會改變家相的吉凶。若以一般家相的吉凶來判斷住宅時，會造成判斷上的差誤。

譬如，一般認為「巽玄關」是吉相，對於辰年出生的人和巳年出生的人卻是凶相。在此希望各位注意的是，不論任何情況都有其例外。

家相中被認為是凶相的鬼門方（西南與東北）和正中線上是放諸天下皆準的方位。若在這個方位上設置玄關、門、廁所、浴槽、瓦斯台、流理台則成凶相。

這些也是任何人都共通的問題。

但是，成為吉相的方位並非任何人都一樣。根據自己出生的星座可能變成凶相，因此必須留意。

若是左列家族成員的家庭，該重視那些方位呢？

夫　一九五二年生　壬辰　三碧木星

妻　一九五七年生　丁酉　七赤金星

子　一九八三年生　癸亥　八白土星

對這個家族而言，成為凶相的方位是，任何人共通的鬼門的西南和東北的方位、東西南北的正中線上，除此之外，丈夫的辰方位（東南東）和妻的酉方位（西）以及孩子的亥方位（北北西）也成凶相。

在這些方位上絕對不可設置玄關、廁所、瓦斯台、浴槽等不潔物。如果將廁所建造在家族所出生星座的方位上，會產生各種的禍害。

尤其是丈夫的出生星座的辰方位上，設置帶有強烈禍害的項目時，情況更為不妙。以為巽玄關是吉相而在辰方位建造玄關時，會被捲入糾紛、遭人背叛，非但無法掌握幸福，歹運還會接踵而至的發生。

諸如這般在自己出生星座的方位上，設置禁忌的項目會出現強烈的凶現象，應特別注意。請各位務必銘記若忽規自己出生星座的方位會變成凶相。

在家相中不論是任何情況都必須慎重處理家族各人的出生星座的方位。這乃是成為強運家相的關鍵。

必須購買對自宅而言是吉方位的住家

若要掌握幸福，必須建造「位於吉方位的吉相之家」。不過，只是建造或購買吉相之家並非萬全之策。而且對你而言是吉相方位，若沒有搭建或購買吉相之家則無法產生效果。即使目前的家相是吉相，若購買位於凶方位的建築物時，也會蒙受禍害。由此可知家相與方位之間有極密切的關連。因此，必須認識對自己的吉方位。而在此之前必須認識「方位學」的原理。

方位學不僅是家相，它可活用在各種領域上。譬如，可將之應用於旅行、找房子、到醫院探病、找結婚對象等各種行動上。朝吉方位行動時可獲得好結果，若往凶方位行動則會碰到各種障礙。換言之，根據行動時方向的好壞會有如願以償或無法稱心如意的差別。

根據出生年星座找出
吉方位（好星）和凶方位（惡星）的方法

九星	吉方位 大吉	吉方位 中吉	吉方位 小吉	凶方位 惡星
一白水星	六白、七赤		三碧、四綠	九紫、二黑、八白
二黑土星	九紫	八白	六白、七赤	一白、三碧、四綠
三碧木星	一白	四綠	九紫	二黑、八白、六白、七赤
四綠木星	一白	三碧	九紫	二黑、八白、六白、七赤
五黃土星	九紫	二黑、八白	六白、七赤	一白、三碧、四綠
六白金星	二黑、八白	七赤	一白	三碧、四綠、九紫
七赤金星	二黑、八白	六白	一白	三碧、四綠、九紫
八白土星	九紫	二黑	六白、七赤	一白、三碧、四綠
九紫火星	三碧、四綠		二黑、八白	六白、七赤、一白

認識自己的吉方位，首先必須知曉自己的出生星座。（請參照三十二頁出生年速見表）

得知自己的出生星座之後，再找出與自己出生星座的匹配性良好及不良的星座。匹配性好的星座，其所在方向就是吉方位，匹配性差的星座，其所在方向就是凶方位。換言之，如果與妳的匹配性好的星座位於北方，對你而言北的方位就是吉方位。

不過，凶方位中有些方位對任何人都是凶相。那是五黃殺、暗劍殺、歲破等三大凶方位。另外還包括自己出生星座的方位（本命殺），以及其正相反方向的方位（本命的殺）等惡凶方位。

如果朝這五大凶殺方位建造住宅或購置房屋時，即使家相為吉相也會蒙受災害。渴望家庭的幸福不僅要擁有吉相的住宅，也必須購買位於吉方位住家。

以下詳細敘述五大凶相方位的內容以供參考。

- **五黃殺**——這是五黃星所在的方位，對任何人都是凶方位。
- **暗劍殺**——這是五黃星正相反方向的方位，對任何人都是凶方位。
- **歲破**——與當年十二支相對的方位，對任何人都是凶方位。歲破的產生如

歲破的產生法

當年的十二支	歲破的方位	當年的十二支	歲破的方位
子　年	午方位	午　年	子方位
丑　年	未方位	未　年	丑方位
寅　年	申方位	申　年	寅方位
卯　年	酉方位	酉　年	卯方位
辰　年	戌方位	戌　年	辰方位
巳　年	亥方位	亥　年	巳方位

上表所示。

●**本命殺**——自己出生星座所在的方位。唯有自己是凶方位。

●**本命的殺**——與自己出生星座所在的方位呈相反方向的方位。唯有自己是凶方位。本命的殺的產生如一五七頁上表所示。

然後再根據當年的九星方位盤找出自己的吉方位和凶方位。

以下列舉一九五六年丙申八白土星出生者的吉方位和凶方位以供參考。

■**於一九九三年癸酉七赤金星年時**

這是七赤金星位於中央位置之年，十二支是酉年。

吉方位——二黑的方位——南。

本命的殺的方位產生法

生年的十二支	本命的殺的方位	生年的十二支	本命的殺的方位
子年出生	午方位	午年出生	子方位
丑年出生	未方位	未年出生	丑方位
寅年出生	申方位	申年出生	寅方位
卯年出生	酉方位	酉年出生	卯方位
辰年出生	戌方位	戌年出生	辰方位
巳年出生	亥方位	亥年出生	巳方位

1956 年生丙申八白土星出生者的吉方位和凶方位

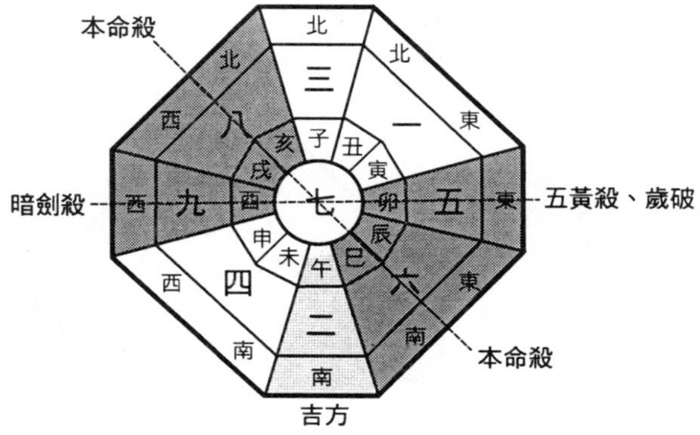

於 1993 年癸酉七赤金星年的方位盤

九星方位盤（九星運行類型）

● 位於中央之星是當年的星

● 方位盤所示的數字中一是表示一白、二是二黑…依序表示九星之星

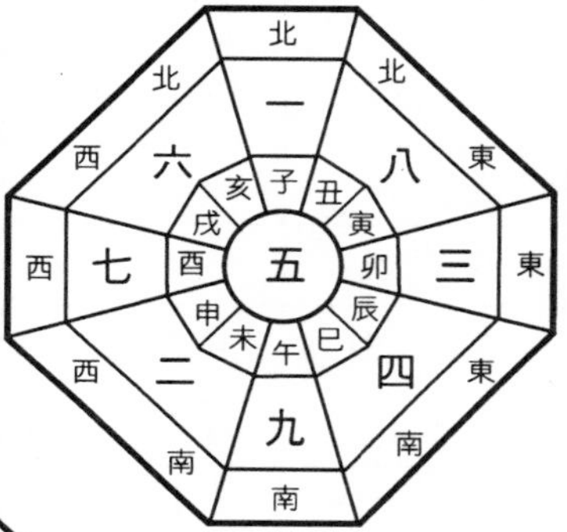

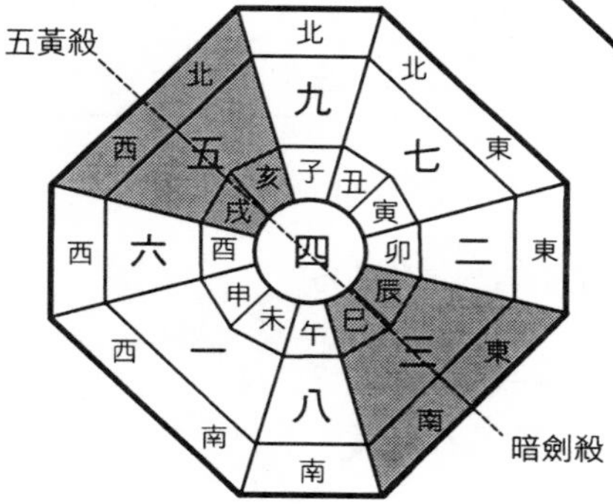

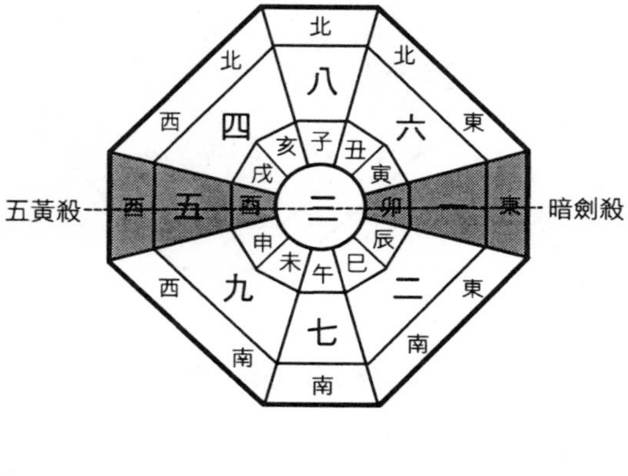

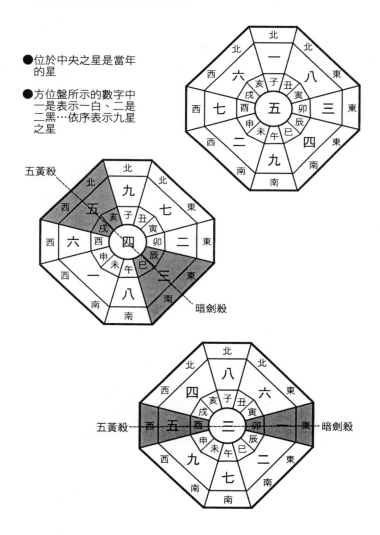

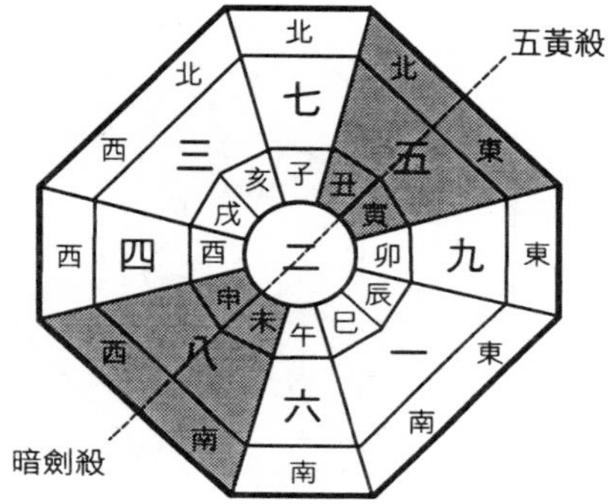
五黃殺
北
北
北
東
七
五
三
西
亥
子
丑
戌
寅
西
四
酉
二
卯
九
東
申
辰
未
午
巳
西
八
一
東
六
南
南
暗劍殺
南

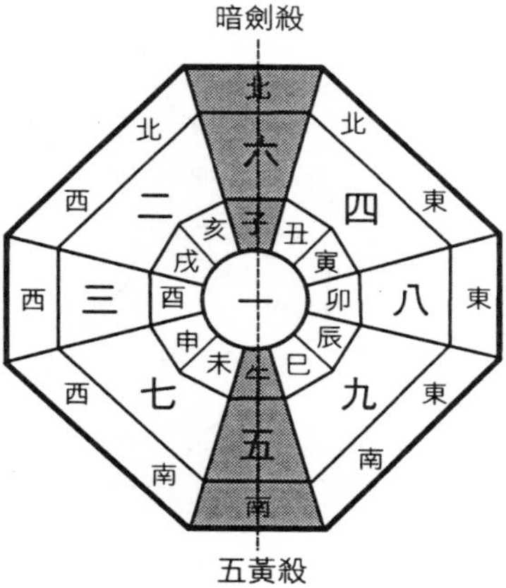
暗劍殺
北
北
六
北
西
二
東
四
亥
子
丑
戌
寅
西
三
酉
一
卯
八
東
申
辰
未
午
巳
西
七
五
九
東
南
南
南
五黃殺

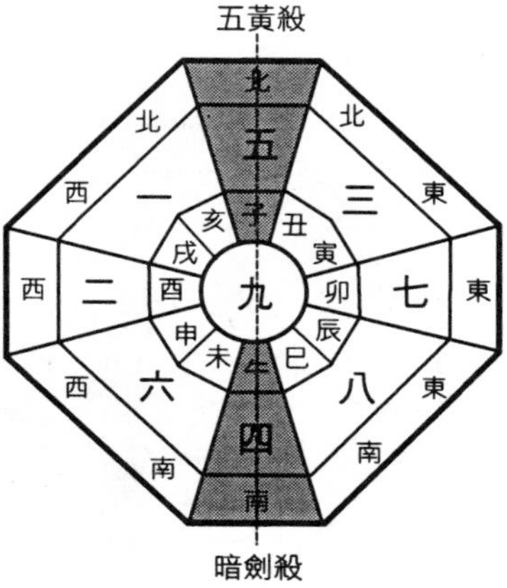
五黃殺
北
北
五
北
西
一
三
東
亥
子
丑
戌
寅
西
二
酉
九
卯
七
東
申
辰
未
午
巳
西
六
八
東
四
南
南
南
暗劍殺

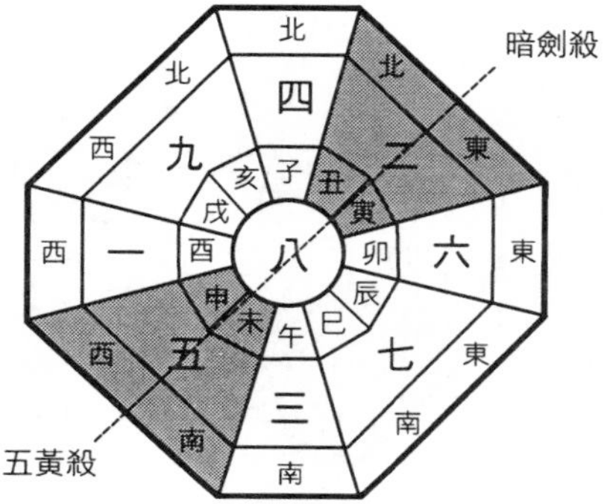
暗劍殺
五黃殺
北
北
北
東
東
東
南
南
南
西
西
西
四
二
六
七
三
五
一
九
八
子
丑
寅
卯
辰
巳
午
未
申
酉
戌
亥

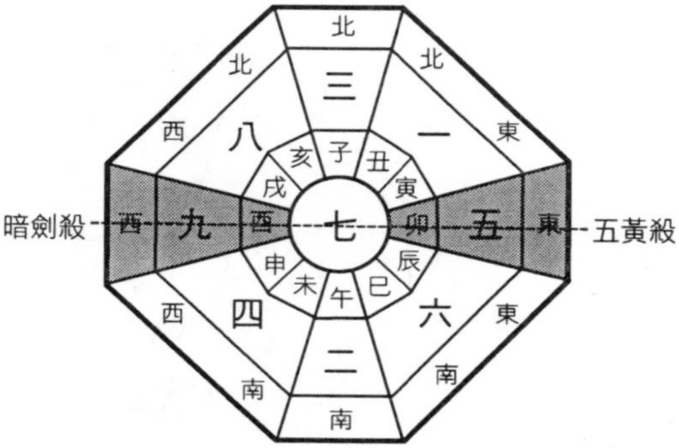
暗劍殺
五黃殺
北
北
北
東
東
東
南
南
南
西
西
西
三
一
五
六
二
四
九
八
七
子
丑
寅
卯
辰
巳
午
未
申
酉
戌
亥

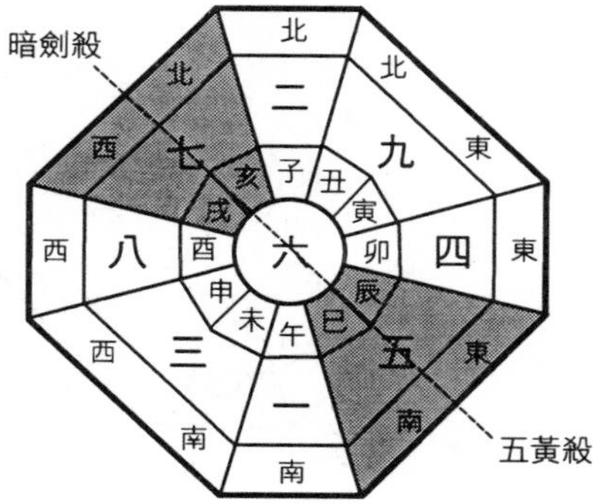
暗劍殺
五黃殺
北
北
北
東
東
東
南
南
南
西
西
西
二
九
四
五
一
三
八
七
六
子
丑
寅
卯
辰
巳
午
未
申
酉
戌
亥

凶方位——五黃殺——東。暗劍殺——西。歲破——東。本命殺——西北。本命的殺——東南。

其次，標示九星方位盤的九種運行類型。九星方位盤中的星的配置是根據某個規則而運行。這九種運行類型會一再地反覆。有關方位學的詳細說明極為繁複在此省略。

總而言之，九星方位盤上的九種配置是根據一定的規則，從數千年前即一再地反覆而支配這個地球。

因此，必須知曉當年的九星方位盤是屬於那一種類型。亦即九星方位盤的中央是當年的那一個九星，成為支配該年的方位盤。譬如，今年若是七赤金星年，就是七赤金星位於中央的方位盤，若是一白水星年，則由一白水星佔居中央位置的方位盤而支配該年。從九種九星方位盤中找出支配該年的方位盤，朝吉方向採取行動必有好結果。也可躲避禍害降身。

建造房屋時應選擇位於吉方位的建設公司

決定建造房屋時，最傷惱筋的是該選擇那家建築公司。

如果是服裝可直接到百貨公司試穿之後再做選擇，但購買房屋可不這麼簡單了。即使不滿意大興土木建造成的房屋，也無法輕易地要求建築商重建。

閱讀有關建築的任何書籍，都提到「建築房屋時必須找尋值得信賴的建設公司」。但是，一般人即使想選擇值得信賴的建設公司，然而對於首次建築房屋的人而言，根本無法分辨建設公司信賴度的好壞。除了由朋友代為介紹之外，挑選建設公司頗不容易。

而規模龐大的建設公司也未必都值得信賴。有時反而是大量經手當地住宅的建設公司較令人放心。基於地利之惠可以迅速地對應地主的要求，在完工後的維修方面也較為有利。

房屋的建造最後乃是由建設公司的好壞而決定，因此，最好是參觀建設公司所搭建過的住宅，或詢問當地居住者的感覺，或建設公司對完工後的售後服務等等。

在此，希望各位注意建設公司與地主之間的糾紛。在工程的途中建設公司突然倒閉、工程大幅延誤的糾紛屢見不鮮。

若仔細調查上述這些例子，必可發現多半是位於凶方位的建設公司。譬如，位於五黃殺、暗劍殺、歲破、本命殺、本命的殺等五大凶殺方位，建設公司蓋房子時總會有糾紛產生。

買房子非但無法服務像服裝或家俱一樣因為不滿意而退貨，還必須事先投下巨額的金錢，希望各位在買房子時能慎重地選擇建設公司。而最重要的是選擇對自己是位於吉方位的建設公司。只要觀看當年的九星方立盤即可瞭解對你而言那個方位是吉方位。而其基準是以現在所住的家來選擇成為吉方位的方向。

開工日與遷入日必須是吉日、吉方位

再怎麼好的家相，若是開工日與遷入日並非吉日、吉方位，則無法發揮家相的效力。

所謂開工日並非祭祀地基之日，而是開始動工建設的日期。在土地上大興土木的日子非常重要，會以當天為起點而出現吉現象或凶現象。所以，這個日子必須是吉方位、吉日。

一般人似乎以為祭祀地基時必須是吉日，然而有關該土地、房屋的因緣一切的起點乃是開始動工的日子。請注意不要只注意祭祀地基的日子，而把重要的開工日期委任給建設公司處理。當然，祭祀地基時也應選擇吉日。不過，希望各位注意開工日遠比祭祀地基更為重要。

其次，遷入日期也非常重要。遷入當天的年盤、月盤都必須位在吉方位。吉方位因個人出生的星座而不同，並非所有人共通的吉方位。

若要使家相具有強盛的運勢，除了必須有良好的家相之外，遷入日也必須是吉方位。最好是「在吉方位建造吉相之家、在吉方位遷入」，不過若要實際付諸實行則頗為困難。也許遷入時的方位對自己而言是在吉方位，對其他家人可能是凶方位。

譬如，以四人家族的家庭為例，必須對家中四個人都是吉方位。假設家族構成如左所示，那麼，該如何選擇吉方位？

夫	一九五二年生	三碧木星。
妻	一九五七年生	七赤金星。
長女	一九八三年生	八白土星。
長男	一九八七年生	四綠木星。

根據一五四頁表的「出生年星座的吉方位和凶方位」，即可發現並非家中四

個成員都是吉方位的方位。碰到這樣的情況時，一家之主的丈夫的星座必須成為吉方位。其次是妻子也應為吉方位。至於兒女至少也應盡量讓後繼者的長男成為吉方位。如果辦不到時，只要夫婦是吉方位則無太大的掛慮。

以這個家族為例，夫婦都是吉方位的是當年的九星方位盤上一白水星所在的方位。但是，觀看該年的年盤與月盤，如果一白水星所在的場所和五大凶殺方位

從家族構成分析成為吉方位的星方位

家族構成／九星	夫	妻	長女	長男
	三碧木星	七赤金星	八白土星	四綠木星
一白水星	○	○		○
二黑土星		○	○	
三碧木星				○
四綠木星	○			
五黃土星				
六白金星		○	○	
七赤金星			○	
八白土星		○		
九紫火星	○		○	○

○…吉星

夫婦都成吉方位的方位是一白水星之星所在的位置

重疊時，就成為凶方位，應特別注意。

總而言之，遷入新宅時年盤、月盤都必須是吉方位。若先決定遷入日再反算找出開工日較能確實地在吉方遷入新宅。

若渴望福星高照務必「在吉方搭建吉相之家、在吉方位遷入新宅」。

應避免東南和西北凹缺的住宅

凹缺部份多的住宅運氣無法安定。會遭遇本來順利推展的事業突然一蹶不振等的災難，這乃是凹缺部份較多的住宅特徵。

住宅有兩處以上凹缺時，難以發展運勢乃是因為運氣不安定的緣故。尤其是東南和西北的凹缺在家相上是福線上的缺陷，運勢極端惡劣。

對事業家而言這是最差的凹缺，原本順利推展的業績會突然碰到空頭支票、遭逢事故、資金籌措困難等各種歹運接踵而至。

上班族也是一樣，會因工作上的失敗而被調職、失勢，運勢的變化莫測。住宅的凹缺對其人的運勢有重大影響，千萬不要住在有兩個以上凹缺的住宅。

簡單的敘述因凹缺的方位所容易出現的現象。如果有兩處凹缺部份時，會出現各個凹缺的凶現象。

北的凹缺——家庭內的糾紛增多。色情上的糾紛、難得貴子、夫婦感情不睦、因部屬或僕役勞苦。與惡友交往、有告貸之苦、因疾病而苦惱。很容易出現工作上的失敗等現象。

南的凹缺——容易產生刑事或訴訟上的問題。遭逢一家離散的悲劇。容易染患神經症及眼疾。會因充當他人的保證人而背負債務。容易產生名譽、聲望墜地等的現象。

東的凹缺——容易遭逢詐欺或火難。被年輕人背叛。長男乖桀不馴。長男離家出走。因口舌之禍倍受批評。很容易產生失去活力等現象。

西的凹缺——難逢財運。沈溺於賭博。生性變得懶散。告貸之苦。容易產生男女問題。因失言而遭人嫌棄。晚婚。容易碰到車禍。容易遭逢刀刃之災等。

東南的凹缺——商談難成。失去社會信用。有人際關係上的苦惱。朋友出入減少、業績不振、晚婚、家庭失和、遭逢竊盜之災、在旅遊地遭逢災難、運勢無法伸展。

西南的凹缺——母親或妻子病弱。失去不動產。容易變更職業。因胃腸障礙而痛苦。運勢不展。易失去幹勁。容易遭逢詐欺。變成妻子當家的狀況。女性變強。是未亡人當家之相。成為養子繼承家業等現象。

西北的凹缺——丈夫變得無精打采。丈夫的健康與運勢變差。容易因公事而遭逢災難。爭執增多。容易遭逢車禍或受傷。失去財產。沈溺於賭博等。

東北的凹缺——家運衰退、喪失財產。親戚間糾紛增多。容易產生繼承上的問題。難以生育男孩。慾望增強。工作容易變更。因繼承人的問題傷透腦筋等的現象。

購買公寓（大廈）的要點

獨立戶和公寓的家相不同

獨立戶住宅的家相如前所述，一般除去外凸的部份，包含內缺的部份，從中找出家的中心再根據一般方法做家相的判定。

若是公寓住宅則有多種類型，家相的判斷較為複雜。基本上和獨立戶的家相判斷方式大同小異。只要是日常生活中的必須，如飲食、就寢場所等，都是家相的對象。

一般公寓分為各戶的專有部份和全戶的公共部份。把各戶的專有部份和全戶的公共部份。把各戶的專有部份當成住宅做家相的判定。而剩餘的公共部份的走廊、樓梯、電梯、樓間等則可歸類為和獨立戶住宅的馬路一樣。

做公寓的家相判定時只依據專用部份去找出家的中心。粗大的鋼筋水泥柱或凹入家中的水泥牆的部份當然變成凹缺。其餘則和獨立戶的住宅一樣依同樣的要領做家相的判定。

公寓構造和獨立戶住宅不同，除了邊角房屋之外和外界接觸的部份幾乎都只有兩面。因此，很容易蓄積濕氣或臭氣，採光也不足。對身體健康有不良影響，應活用文明的利器使自己的住宅變得快適。

整棟公寓必須是吉相

公寓的建築物最好避免L字型或匚字型、口字型。因為公寓本身會變成失去其中心的建築物。沒有家的中心的建築物會使運氣起伏不定，乃為凶相。

凶相的公寓（大廈）

①呈ㄈ字型的公寓（大廈）

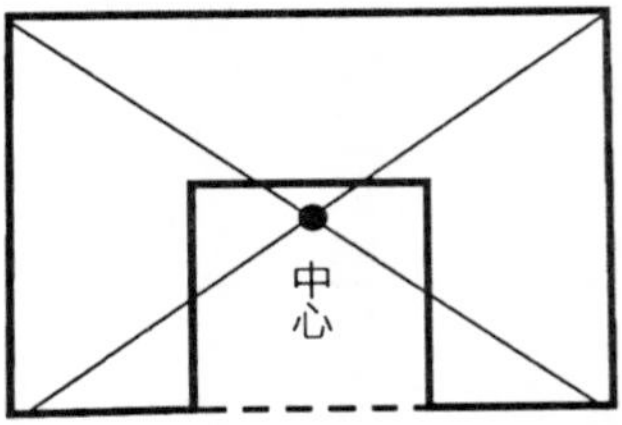

②呈 L 字型的公寓（大廈）

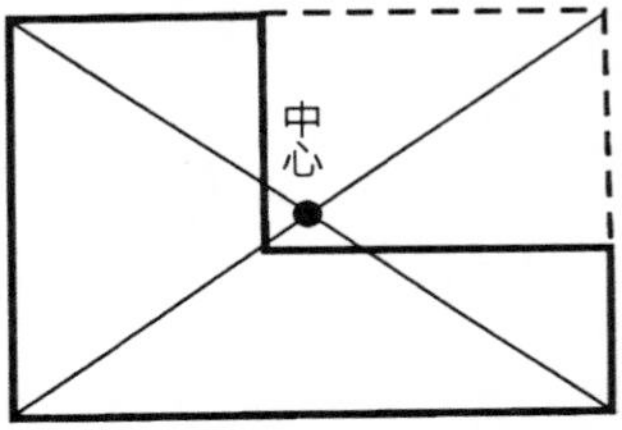

③呈口字型的公寓（大廈）

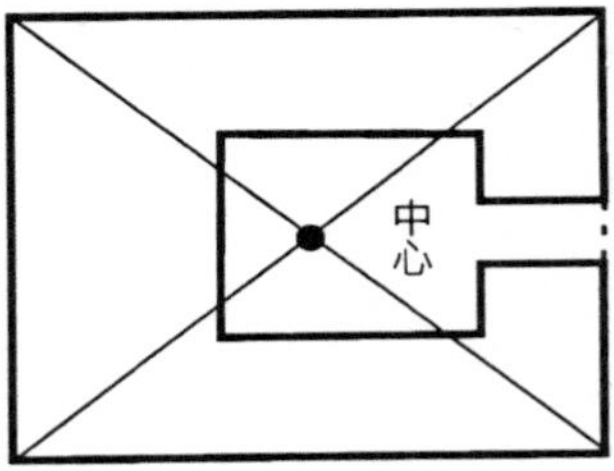

④一樓是停車場的公寓（大廈）

如果住進這樣的公寓或大廈即使家相是吉相，長久之後必會產生不良影響。

另外，最近常見一樓做為停車場的公寓。從有效利用土地的觀點來看也許是匠心獨具，但是，依家相的立場而言卻無法變成吉相。因為地基用水泥覆蓋，無法從大地吸取氣的熱能。非但如此，等於是每天吸收汽車所排的廢氣，對健康當然不好。

因此，若要避免凶意應儘可能住在上層樓。同時，在屋內多種植觀葉植物等盆栽，以求空氣的淨化。

相反地，若是一般的公寓則最好住在接近地面的樓層，以攝取地氣的熱能。能夠接獲地氣熱能的是四樓以下的樓層。高過四樓以上的樓層則無法吸取地氣。如果是住在上層樓又有幼小的孩子時，應盡量帶孩子到公園以親近泥土。若是高樓大廈，越是住在上層樓精神越不安定，應注意。

應選擇位於東、東南、南的住宅

具有活力的家庭是東、東南、南呈開放式，可充分吸收陽光的家庭。所謂的運，非常神奇，如果當事者缺乏活力則運勢不來。住在陽光不到的住宅並無法獲

選擇吉相公寓的方法

從建築物的中心看來，位於其東
到南的方位的場所是吉相

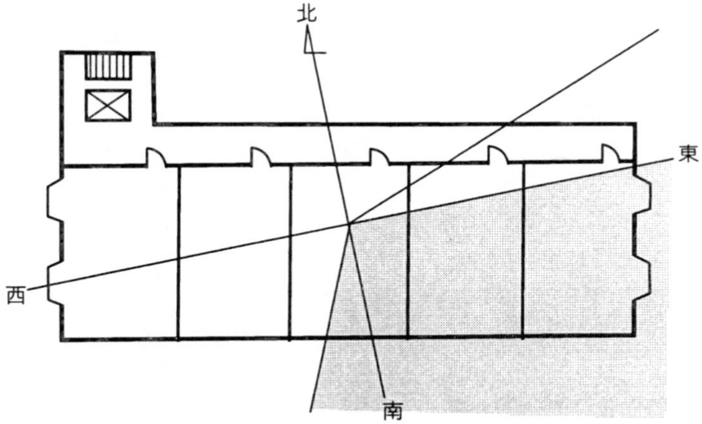

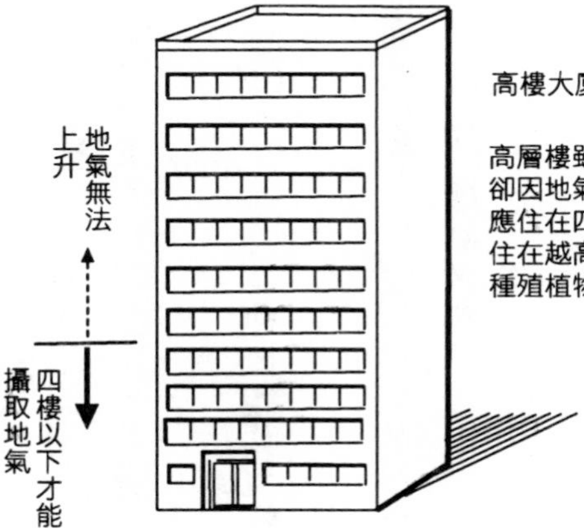

高樓大廈的情況

高層樓雖然視野佳，
卻因地氣無法上升而
應住在四樓以下
住在越高層樓者越應
種殖植物

得運氣的垂睞，縱然再怎麼努力也無法獲致成功。

若不是可充分吸收天氣和地氣熱能的環境，是無法擁有強運。由此可知氣的能力對運勢的影響。

根據公寓房子中所住的位置，會對當事者的運勢及健康有重大影響，應慎重選擇。因此，必須購買位於離建築物中心的東、東南、南的位置的住宅。如果位於東南角有兩面窗，可充分吸取陽氣，是最佳的選擇。

其次，必須選擇沒有凹缺的建築物。尤其是東、東南、南的方位不可凹缺。這個方位的凹缺對住戶者的運勢會產生影響，應該避免。

判斷建築物整體的吉凶之後，接著是判斷格局的吉凶。首先，注意廁所或瓦斯台、浴槽等不可位於自己出生星座的方位上。公寓住宅不同於獨立戶住宅的是很難加以改建，因此，一開始即應購買格局是吉相的住宅。

雖然自己必須努力才能擁有強運，但世上有些事再怎麼努力也強求不得，這就是所謂的運。

若要掌握運，必須重視建立適合自己的環境（住宅設計）。

應選擇接近地面下層住宅

近年來為了有效利用土地，到處高樓大廈林立，而且逐年的高層化。接著就來談談長期住在這些高樓大廈（公寓）內會有何影響。

若要維持人的根源的生命熱能（氣）必須均衡地攝取自然界的五種氣，亦即木氣、火氣、土氣、金氣、水氣。因為健全的精神和肉體，是承受這五種氣之惠而得以維持。

如果因為想要觀賞夜景而長期住在高樓大廈的上層樓，則無法均衡地攝取自然界的五種氣。結果對精神上會造成不良的影響。

尤其住在無法攝取土氣而火氣強盛的高層樓時，精神會變得不安定，在日常行動中也會出現變化。而且，對事物的觀念會變成以自我為中心，漸漸失去體貼的心。

這種症狀越往上層越強烈。那是因為代表火氣的激烈感情和自我顯示慾變強而失去代表土氣的冷靜或沈著、安全感緣故。

總而言之，住在高層樓時會感到心浮氣躁，因芝麻蒜皮小事引起口角，人際關係無法達成和諧。

最近連公司行號也都位於高樓大廈高層，回到家裡又住進大廈或公寓內的住宅，這一點應特別注意。一日的生活泰半在空中渡過，如此一來很難維持健全的精神與肉體。

住在大都會的上班族，之所以渴望擁有獨棟住宅，也許並不只是資金籌措的問題，而是本能上追求五種氣使然。若要均衡地攝取自然界中的五種氣，誠如前述應住在四樓以下的公寓房子。因為越接近地面越能接受強盛的地氣影響。

在此希望各位注意，吉相的土地越接近地面運勢越好。

有效地利用現有的土地只能往上爭取空間或往地下延伸，但是，對人類而言不論那一種方式絕非好的環境。如果不得已被迫住在高樓大廈，空閒時勿躲在家中看電視，盡量到戶外接近自然。

玄關和格局必為吉相

公寓住宅和獨立戶的住宅不同，並無法輕易地改建。換言之，即使家相不良也束手無策。

譬如，廁所位於自己出生星座的方位為凶相，卻不能任意更動。如果是租的房子倒可隨即搬家，若是購買的公寓則很難因格局不好而放手。購買之後才發現家相不好，為時晚矣，因此，購屋之前必先確認格局的吉凶。

對於隔間應該注意的是，家的中心設置有浴室、廁所、廚房的公寓。如果家的中心被不潔項目所侵犯，會使幸福脫逃而走。丈夫會有病倒、原本一路直上平步青雲，卻突然不再有升遷的機會、被調職等現象出現。更嚴重時恐怕會招致一家離散。

公寓住宅因格局的凶相所造成的禍害，似乎比木造的獨棟屋更為強烈。因為公寓住宅的構造所造成，也許是公寓的宿命。

一般的公寓住宅除了邊間住宅之外，幾乎只有兩個方位呈開放狀。其他兩個方位已變成與鄰戶相接的牆壁。極端的說，彷彿是生活在隧道裡一樣。既然是這樣的環境格局，其位置更形重要。

購買房屋應顧慮到整個構造的完善，選擇設備有避免濕氣內聚的公寓。凶相的公寓無法像一般的住宅輕易地改建，因此，最好不要購買或租借。

浴室位於家的中心的大廈是凶相

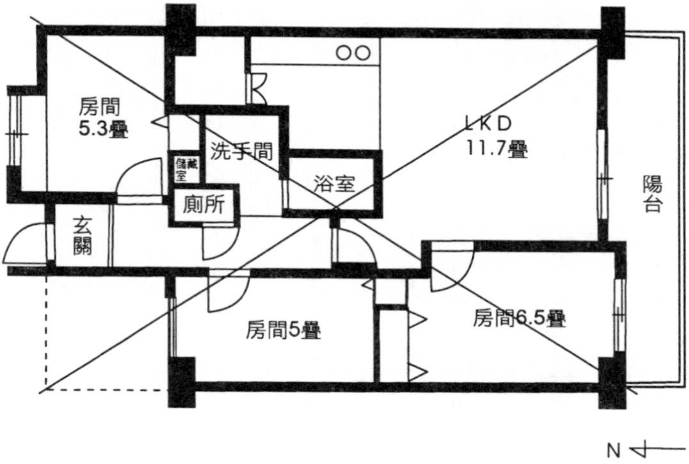

階數或號數必為吉相

最近由於建築技術、防震對策等科學技術的急速進步，公寓住宅日漸高層化。在這樣的環境下如果公寓住宅的格局完全一樣時，倒很難從中取捨。

選擇公寓住宅的基本條件，是日曬好的東到南的方位呈開放狀，較接近地面、格局是吉相的公寓。

但是，以另外的方法做選擇時只能根據數字的吉凶做挑選。也許家相學家認為此乃一派胡言，但是，在此希望各位注意可利用數字的吉凶挑選公寓住宅的階數或號數。

數字的吉凶如下。

大吉數＝16　23　32
吉數＝1　3　5　6　8
半吉數＝7
凶數＝2　4　9　10

以公寓住宅的階數做選擇時，三樓建、五樓建、六樓建、八樓建是吉相。成為凶相的住宅是四樓建、九樓建、十樓建。尤其是四樓建和十樓建的公寓常有糾紛，最好避免。其次若以號數選擇時則把號碼全部加起來成為個位數。一位數的號數維持原狀，二位數以上者把各個數字加起來即可。

譬如，一五號是1＋5＝6。八〇五號是8＋0＋5＝13，1＋3＝4等等。大吉數的16、23、32具有特殊的意義應另當別論。另外凶數的10也是例外，不可做成1＋0＝1。

以下說明1到9的數字所具有的意義以供參考。

【1】一切事物的開端、希望漸趨擴大，願望達成的吉數。

【2】被人疏遠的孤獨數。常有精神上的煩惱、過著不安定的生活。人際關係上的糾紛也多。

【3】具有社會信用，成為眾人喜歡的人物。是子孫繁榮、事業鴻圖大展的吉數。

【4】家庭緣份薄弱、容易遭逢病難之凶數。另外，心煩氣躁、容易變成波濤萬丈的人生。

【5】可以過著踏實的家庭生活。家庭圓滿、子孫繁榮、長壽的吉數。

【6】埋頭苦幹的努力型。有財產之惠、生活安泰的吉數。經歷勞苦的人可獲幸福。

【7】支出多而不留財的運勢。若消除偏頗的性格與剛愎則成吉數。半吉。

【8】認真努力而貫徹始終的吉數。剛開始運勢並不太好，到了晚年卻是安泰之數。

【9】若對準目標則大獲成功，卻是缺乏安定感的凶數。容易遭逢有關刑罰的災難，是沈浮激烈之運勢。

【10】具有1和0的兩種命運。好壞時的差別極為明顯。是沈溺於賭博的凶數。

【16、23、32】都能一舉大發展的大吉數。名聲幾乎普及天下的強運勢。另

外，也有福星高照。

中古屋必先整修後再遷入

遷入新建的住宅或公寓大廈時並沒有太大的問題。若是中古屋或中古大廈應避免他人遷出後，維持原狀立即遷入。因為先住者的「氣」會對你的運氣產生不良的影響。

如果是租的公寓當先住者搬家後，必先整修乃是為了消除先住者之氣。要房東更換地板、重新粉刷牆壁、更換窗戶等再交給新住戶，就是這個緣故。

花費上述的時間將房子重新整理乾淨，可以完全消除先住者之氣。遷入整理過的房屋時才不會對日後的運氣產生影響。

在此希望各位注意，先住者遷離之後不可怠惰整理而任意遷入。如此一來，會背負先住者的氣。若要消除先住者之氣，只需先讓房子有一星期到兩星期的空屋狀態。如果時間緊迫時，在搬進家具之前應從天花板到地板徹底地清掃一遍。然後打開窗戶使其充分地吸收朝陽之氣。若想短期間內消除先住者之氣，只有大掃除的方法。

最後，用酒和鹽巴清淨廁所、浴室、洗手間、廚房。

當一切準備妥當之後，再選擇吉日從吉方位遷入。儘可能在上午之前搬家完畢。最遲也不要延至傍晚之後。日落之後的搬家會一併攝取陰氣，無論如何應避免。因為出發點的好壞對日後的人生有重大的影響。

二世代住宅的家相判斷法

近年來大都會由於土地價的高漲，想成為蝸牛族已日漸困難。同時，現今社會的家庭幾乎變成長男或長女等單子的家庭。

當兒女結婚，雙親變老時，兒女們就必須服侍老邁的父母。獨生子之間結婚後自然要撫養雙方的父母。

因此，在父母的土地上共同投資建造約二世代住宅，已漸漸受到矚目。在資金方面並不需要購置土地的費用。稅金上也有極大的優惠，因此，利潤頗大。但是，從長遠的生活模式來思考，二世代住宅倒會發生各種問題。

所謂二世代住宅，是指兩個完全獨立的家族，共有某個部份而一起生活。如果父母身體健康，能維持自己生活的期間並無任何問題，但是，當變成單親或父母年紀老邁必須有人照顧時，生活的形態自然會產生了改變。

碰到這樣的狀態，住宅必須有可以與之對應的構造。若打算建造二世代住宅時，不要只為眼前的經濟利益所誘，應從長遠的眼光來思考未來的生活形態。

對老年人而言，住宅的建築必須有多方的顧慮。譬如，室內盡量減少段差、廁所內裝置緊急鈴、樓梯間加扶手等等，應委任建築的行家設計。

在此，簡單地敘述二世代住宅家相的重點。

二世代住宅家相的觀念首先是以玄關為基準。因為一個玄關或兩個玄關在找尋家的中心時有所不同。

一、玄關一個時，以和獨立戶住宅同樣的要領做家相的判定。即使廚房有兩個、廁所有兩個也是一樣。把它當成一戶人家而找出家的中心，再根據家相的八方位判斷其吉凶。

二、玄關有兩個時，乃是各自獨立的家。家的中心則分為兩個，各自是父母家庭及兒女家庭的中心。然後根據家相的八方位判斷吉凶。

完全同居型的二世代住宅

二世代住宅是屬於「家族同心協力、熱鬧歡聚一堂」的類型。玄關一個，廚房、浴室、客廳由全家共用。廁所在一、二樓各設一間並無妨。

如果有一個寬廣的廚房或起居間，可讓全家人歡聚一堂更好。若能變成可嚴守父母世代和子女世代的生活圈的二世代住宅更為理想。這樣的場合若玄關只有一個，可做和一般住宅相同的要領找出家的中心。然後再根據家的八方位判斷其吉凶。

玄關共有、保持親子各自生活圈的半獨立同居型

二世代家庭共有一個玄關時，依獨立戶住宅的要領找出家相的吉凶。即使生活圈分成上下或左右也是一樣。

如果父母世代使用一樓，二樓由子女世代使用時，只要玄關是一個，則可依一般二樓建的家相要領做判斷。

完全獨立型的二世代住宅

父母世代和子女世代各有其玄關，呈完全獨立的二世代住宅。其中可分成獨立戶的平屋住宅劃分為二，並各裝玄關，以及分成一、二樓，一、二樓的玄關由外側樓梯進入的二種形態。

不論那一種情況，都各當成一戶住宅判斷某家相的吉凶。再根據家相的八方位決定吉凶。

利用走廊連接的分離宅邸型

從大都會的建築用地寸土寸金的住宅狀況看來，分離式的宅邸型二世代住宅幾乎不可能。但是，鄉下地方倒常看見主屋和由走廊連接的偏房家庭。

一般都是年輕夫婦住在偏房，也有相反的例子。其中也有在偏房設置廁所和小型廚房。

家相中對於建造偏房也有既定的基準。一般認為偏房不論在那個方位都是吉相，其實根據方位的不同也可能變成凶相，應特別注意。

尤其是設置在東北和西南的鬼門以及南的方位上，則成凶相。即使建造在東北、西南、南以外的方位時也有高度、大小、距離上的限制。

以下列舉建造成為吉相的偏房時的條件。

東邊的偏房若是主屋的三分之一大小，則為吉相。變成凶相時費用會增多，也會蒙受親戚的損害。

東南的偏房若比主屋小，則為吉相。

西的偏房在主屋的二分之一以下，則為吉相。但是，人不可居住其間。若做成閱讀室或工作室則無妨。總而言之不可就寢。

西北的偏房若比主屋低，大小在主屋的二分之一以下，則為吉相。即使有人住也無妨。

北邊的偏房若是主屋的四分之一，則為吉相。但是，不可居住其中。做為書房則無礙。

偏房若做為倉庫、書房、工作室使用時，為吉相，但是，做為住宅使用時，則有相當的限制。當做住宅而無礙的方位是東南和西北、東。不過，和主屋的距離至少應維持四公尺左右。

第五章 化凶爲吉的方法

增、改建時的重點

基本上將老舊住宅的一部份毀壞後重新改造，亦即部份改造會變成凶相的立場來看並不難理解。舊建材和新建材的耐久力與強度各不相同。如此會造成整個住宅失去平衡，反而縮短住宅的壽命。同時，改建費用比重新建造更高，因此，大幅的改建時不如重新建造較為划算。

基本上一旦蓋好的房子最好不要改建，如果目前所住房子的隔間問題，出現各種凶現象時，只好改建。這時只能採取增建使其變成吉相。

以下列舉在增建時必須注意的事項。

增建會改變家的中心

當兒女長大之後會使住宅變得狹隘，常有人因此而增建住宅。不過，有時因為增建一個房間而使家的中心改變。本來平安無事的廁所，改建之後卻變成位在自己出生星座的方位。另外，廁所也可能因改建而位於鬼門的方位。

如此一來，本來打算改建成吉相，卻在別的方位招致凶相，因此，增改建時應在設計圖的階段重新過濾家的中心，以避免成為凶相。

增改建必須在強運之年進行

日常會話中常會提到：今年的運勢好或不好，而運勢的好壞也有其規律。這稱為九星的韻律運動，九星之星是依循自然的法則來運行。星的運行順位如九星的定位盤所示。根據星的位置而分成陽運期和陰運期，當自己出生星座正值陽運期之年，是盛運，若是陰運期之年，是衰運。

陽運期——從自己出生星座進入坤宮（西南）之年開始，依序轉向震宮、巽宮、中宮為期四年。

陰運期——從自己出生星座進入乾宮（西北）之年開始，依序轉向兌宮、艮宮、離宮、坎宮為期五年。

陽運期的四年間做任何事都隨心所欲，是運勢旺盛之期，相反地，陰運期的五年必須慎重行動，因為運勢呈衰弱之勢。

如此盛運四年、衰運五年以九年為一期。世間常有苦盡甘來或好運之後歹運

九星的韻律運動

• 九星的定位盤

南

東 / 西

巽宮 ⑨	離宮 ⑤	坤宮 ⑦
震宮 ⑧	中宮 ①	兌宮 ③
艮宮 ④	坎宮 ⑥	乾宮 ②

北

○中的數字是九星運動的順序

• 陽運期（盛運期）和陰運期（衰運期）

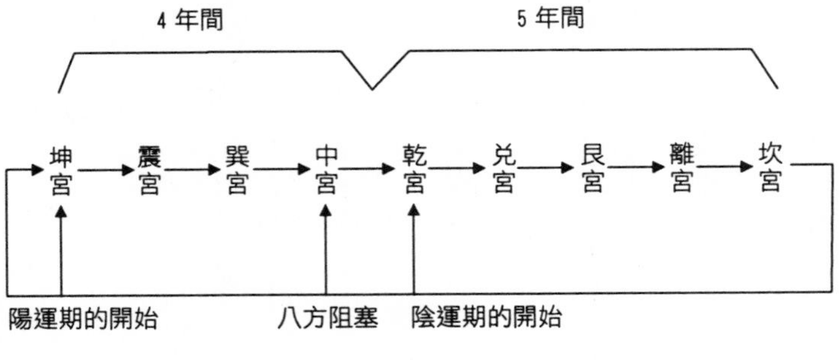

接踵而至的現象，這全是九星的韻律運動的緣故。若能利用這個韻律配合盛運的時期搭建住宅或增、改建，可獲得良好的結果。

不僅是增改建房屋，做任何事情若在盛運期開始，能事事順遂。不過，即使處於盛運期若位於凶方位，仍然以方位為優先，這一點必須注意。

厄年時不要無理強求

正值厄年時會有某種災難、惡運，行動必須謹慎。一般而言，男性的厄年是虛歲的二十五歲、四十二歲、六十一歲。女性的厄年是十九歲、三十三歲、三十七歲。尤其是男性四十二歲、女性三十三歲時是大厄，其前後之年稱為前厄與後厄以為警戒。

一般人對於增、改建房屋總認為比新蓋的房屋來得簡單，在想法上應該和新建房屋時一樣。而且增、改建比新建房屋所蒙受的禍害較強，應慎重處理。

必須祭祀地基主

欲大興土木時，應先「消災去邪」之後再開工。如果不必動土的工程，就無此必要。倒是增改建時有較多細膩的作業，因此，絕對不要把工程中所產生的廢棄物任意丟棄或掩埋。

另外，工程中最好租房子住，轉移到其他住所較為安全。即使是增、改建也不可以掉以輕心。

搬家時必須嚴守吉方位

錯失吉方位與遷入日無法獲得運氣

即使住在家相再好的住宅，如果遷入日非吉日、吉方位，無法產生強運。你是否有過這樣的經驗？遷入新居後並無特殊的原因，卻一再發生不好的事情，即使百般地留意、準備周全，也常有意想不到的結果而令人欲哭無淚。

這全是方位所造成的凶現象。因為有一股神奇的力量支配人的行動。人行動都有其方向，因此，行動的方向佳，能獲得神奇力量之助，相反的，若往不好的方向行動時，會遭受災害。而最嚴重的情況是搬家。如果搬家時無視於方位的吉凶而任意採取行動，只會惹禍上身。搬家時距離再怎麼近，若不從吉方位搬家，無法獲得強運。

在此所謂的方位是以和家相中的方位不同的方法找出，請特別注意。請參考第四章的「找出吉方位的方法」從中發現適合自己的吉方位。

遷入日是在新家開始生活的出發日，具有特殊的意義。它比旅行或購物時所憑藉的吉方位更為重要。

因遷入日的吉凶與否即可決定新居的生活。如果在凶方位遷入時，只要住進該家，即無法消除凶現象。一旦錯失遷入日終其一生無法獲得運勢的青睞。雖然可以向神明祈求去除方位之障，卻無法完全地消除。

如果是遷入自己的住宅時，終其一生將在這個住宅起居生活，若不在吉方位遷入，一生將遭受痛苦。這時吉方位的選擇法是遷入的年和月必須是吉方位。必須選擇當年的九星方位盤及當月的九星方位盤都是吉方位的時期。

譬如，一白水星出生的人在七赤金星之年（一九九三年、二〇〇二年）搬家時，則北或東南的方位。

其次，尋找北和東南是吉方位的月盤，在該月從北或東南搬家即可。亦即，

七赤金星年的九星方位盤

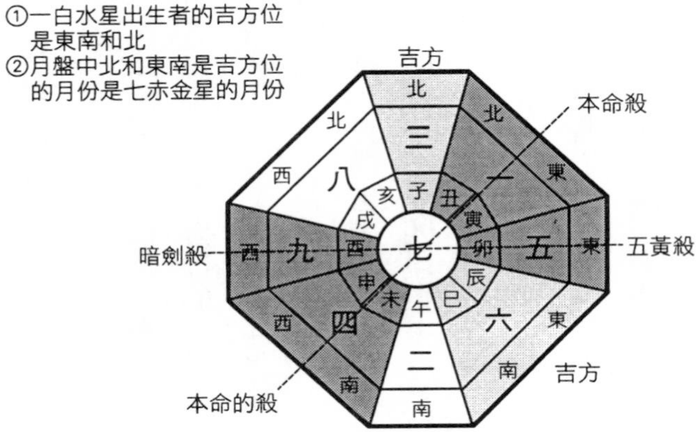

年盤及月盤都是吉方位。當年的月盤請參照市售的農民曆即可。

如果是租的房屋，只預定暫住三、四年時，只在當年的月盤是吉方的方位搬家即可。因為根據接觸時間的長短會改變吉方位的選擇法。居住期間越長年盤與月盤兩者都更必須是吉方位。

自己想要搬家的方向正值年盤與月盤都是吉方位的時期並不容易找尋。若要擁有強運，應事先訂定計劃才可在吉方位搬家。

不可忘記抱持敬神與感謝之心

姑且不論信神與否，古時候任何家庭都設有神壇。而且全家人早上必須合掌在神明前祈求今天能平安無事地度過，到了傍晚又帶著感謝的心祈求神明的保佑，如果家庭內發生重要的事情，一定會向神明祈禱。因為神壇幾乎已成為各個家庭的精神象徵。

現代人的家庭擺設神壇者越來越少。也許是家族構成小家庭化、建築構造也趨向洋化，神壇已不再適合家中的擺設。

但是，並不因為如此而不必再向神明祈願了。一般人仍然以自己的需要到寺廟或祈求「生意興隆」「家內平安」「金榜提名」「消除災厄」「交通安全」「祈求安產」等。

前往寺廟參拜也是祈願的方法之一。但是，最重要的在平日的生活中不要忘記對神明或祖先的感謝之心。

一般常識或科學無法說明，目不可視的神奇力量介於神明和人之間。正因為如此，當自己陷入不幸時會到寺廟祈求神明的保佑。

如果我們不敬畏神明而背叛神明，神會因此而降禍在我們的身上。即使禍不及本身也必定使子孫遭受報應，絕不可輕蔑神明。

絕對不可在困苦的時候才想祈求神明的庇佑，應在每日生活中不忘對神明的感謝。根據個人的心之所向會使運勢截然不同。

侵佔方位時必須消除「方位障」或「八方障」

在不知情下侵佔方位，遷入時該怎麼辦？

最好的方法是儘早回到原來的住宅。這個方法看起來簡單，事實上重回原來的家並不容易。如果是租的公寓或大廈更是不可能。

既然如此，就往其他的公寓或大廈再搬一次家。再度遷移必須在九十日以內否則毫無意義。一旦在新宅住上九十日以上之後就會受到新宅的影響。

如果在新宅住上九十日以上時，暫時找一戶歇腳之處遷移過去，然後重新從吉方位再搬進新家。這時暫時做為歇腳的住處必須是飯店。而且必須在新居的方位是吉方位的時期回到新居。

即使對家相頗為在意的人，似乎對遷入日並不放在心上，如果侵犯方位會出現各種凶現象，應特別注意。

縱然建造家相再好的住宅，如果在凶方位遷入，即無任何意義。非但無法掌握幸福，將變成歹運接連而至的人生。

萬一在疏忽之下從不好的方位搬家又莫可奈何時，只有祈求支配大自然的神明保佑。這就是「消除方位障」「消除八方障」。

儘可能全家一起到當地歷史久遠的寺廟祈禱並領取護身符。不僅一次，每年全家人必須到前往祈禱的寺廟參拜。但是，並非藉此即可完全地消除凶現象。

由此可見，如果弄錯遷入日，即使是建造完美的新宅，只要住在這樣的房子則難以避免禍害臨身，請各位務必注意。

碰到火災且運衰弱時種植樹木

如果有人遭遇火災而在日後漸漸失去運勢或身體狀況變壞時，問題出在火災的善後處理。

不論是因鄰居火勢蔓延所造成的火災或自家著火，已表示當事者的運勢已開始衰弱。

碰到這樣的狀況，即使因無歇腳之地而趕緊搭建住宅，也無法使運勢好轉。因火災變成焦土的土地已無法接受土壤所散發的自然之氣。以宅第而言是凶相最烈的土地。曾經遭遇火災的土地至少要等待一、二年，待土壤恢復之後再搭建住宅。如果焦土化的土地已生長樹木或花草則無礙。

對人而言，從土壤接受之地氣在健康上，尤其精神上是不可或缺的。如果精神無法安定，凡事不能得心應手。經常處於心浮氣躁的狀態下，對事物的判斷或決斷會出現誤差。

如此一來，工作當然無法順遂，結果使得運勢也會呈現衰弱。若想要使運勢轉好，絕對不可在一片焦土上立即建築住宅。

如果無論如何必須在火災之後立即建造房屋，否則無置身之處的人，為了使焦土化的泥土回復活性化，必須掘五十公分到一公尺的泥土丟棄後更換新土。同時，在家的四周種植樹木以使土地回復活性化。

如果在一片焦土上建好了住宅時，也應盡量在住家的四周更換新的泥土，種植樹木以加速泥土的活性化。這時種植生命力強的常綠樹較草坪具有效果。當住家四周的樹木長的茂密時，家運也會隨之上升。

若是沒有種植樹木的空間時，也應盡量擺設花盆栽或箱狀盆栽以做為彌補，或者休假日到戶外做森林浴，留意維護自己的身體健康。

改變房屋的使用法即可使運勢好轉

家中每一個人都有其定位

一個家庭也是一個小型的社會集團。若要建立幸福的家庭，每個家族成員都應扮演其應有的本份。如果丈夫克盡丈夫的職責、妻子做好妻子的本份、兒女有兒女的模樣，才可建立健全的家庭。

為此家族中個人的房間應位於家相中的家族定位上。

家族定位是以家的中心來區分，位於離家的中心西北的方位是丈夫的場所、西南的方位是妻子的場所。兒女的方位又分為長男位於東的方位、長女位於東南的方位，老年人則西面和東北的方位。如果家族能嚴守個人的定位而生活，自然會使運勢好轉。有關家族的定位如二〇〇頁附圖所示。

一個住家即使家相是吉相，如果房間的位置違反家族的定位，仍然會產生問題。若非適合自己的房間相，即使睡眠時間充足也無法消除疲勞，還會心浮氣躁

八方位和家族的定位

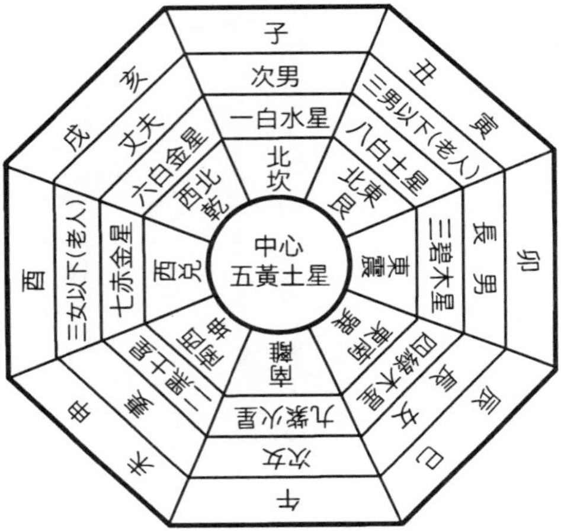

或動輒發怒。如此一來，原本順遂的工作也會失敗。

即使家相上毫無缺陷，然而房屋相不佳時家族的情緒則無法平穩。當每個家人的情緒難以協調時，多半是家人所使用的房間沒有遵照家族的定位。如果發現房間的使用法不對，應立即更改。光是如此即可改變運勢。

如果在家族的定位上無法設置房間時，也可在自己出生星座（一白、二黑、三碧……）的九星方位或出生年的十二支（子、丑、寅……）的方位上設置個人室或寢室。

譬如，丈夫是一白水星、卯年出生的人，首先西北的方位應做為丈夫的場所。如果西北不行時，則設置在一白水星的方位之北或卯的方位之東。只要在這三個場所某一處設置丈夫的書房或寢室即可使運勢好轉。

也許有人認為這純屬一派胡言，然而卻是不爭的事實。請不要只抱怨自己的運氣不好，不妨立即付諸實行。只改變房間的位置能開拓自己的運勢。

誠如格局的章節中所述，寢室是重要的關鍵。因為根據寢室的吉凶會使運勢上升或下降。

在家族的定位中尤應注意西北的丈夫位置和西南的妻子位置。如果將孩子的房間設置在西北的方位，會使丈夫的運勢一蹶不振，這是令人不可思議的事實。

根據自己的房間所設置的方位也會改變行動或性格。譬如，本來心浮氣躁的孩子突然變得沈穩、乖巧，或者成天待在屋裡的孩子喜歡到戶外遊玩，對父母叛逆不孝的孩子突然變得溫順等，連性格也會跟著轉變。

由此可知房屋位置關係對精神上有極大的影響，請務必遵守家族的定位。

改變室內裝璜也能招致幸福

房間的裝璜也有吉凶。如果家相好裝璜又佳是最理想的住宅，光憑裝璜也可以招致幸福。

家相的基本是如何均衡地攝取位於自然界中的五氣——木氣、火氣、土氣、金氣、水氣等。人若要維持身心健康，如果不充分均衡的攝取自然界五氣，會有疾病、運勢衰微的現象產生。

以現代的住宅狀況而言，在都市裡擁有獨立戶住宅，乃是夢想中的夢想。而且一旦走到戶外滿街都是鋪上柏油的馬路，連泥土的芳香也聞不到。如果不到戶外，在一般的生活中很難攝取土氣。在這樣的狀態下難以維持建全的精神，會產生情緒不安、易怒、心浮氣躁等症狀。當然，運勢也跟著衰弱。

因此，基於使運勢好轉的理念而構想出來的是，利用裝璜的開運法。這是假借房間中的某些家具或裝璜物品的「氣力」以獲得幸福的作法。嚴格的說，根據當事者的生年星座，家俱的位置或裝璜的種類、形狀、色澤也會跟著改變。

換言之，是假借家俱或裝璜物品所具有的氣之力來增強自己的氣。如果自己的氣增強，即可招致幸福。

基本上不論是方位或物品、人類全受自然界的氣所支配，因此，必須使家裡的擺設能增強居住者的氣。

簡單地說，如果居住者的人氣和房間裡的家俱或裝璜等之氣、方位之氣等三項氣結合成好的關係，即可增強居住者的人氣。相反地，如果這三氣的關係不良時，會使居住者的人氣變得薄弱，甚至使其運勢衰退。總而言之，這是為了增強自己的「氣」的方法。

若要擁有強運必須增強它本身的氣力，否則難以招福納運。因此，務必記住運並非主動上門，而是藉由自己的氣去吸引。運勢差的人是因為自己的氣力薄弱而無法招運。

世間有所謂好運的人、壞運的人，其實，這乃是個人氣能力的強弱而有的差別，事實上任何人都有同樣的運勢。

以下將詳細地敘述五氣的內容，請各位和人（自己）之氣、物氣、方位之氣巧妙地結合，藉以增強自己的氣。如此即能使運勢增強許多。

◉木氣

人——三碧木星出生的人。
　　四綠木星出生的人。

方位——東和東南。

物（幸運項目）——只要是木製品幾乎都行。立體音響製品、電話、電器製品、搖椅、藤製品、盆栽、紙製品。具有香味的物品、線香。竹製品。顏色是藍、綠。形狀呈棒狀或細長狀。

木氣的三碧、四綠出生的人，在東和東南的方位設置幸運項目可開運。

◉火氣

人——九紫火星出生的人。

方位——南。

物（幸運項目）——繪畫或抽象畫。海報、月曆、星球照片、高空望遠鏡、乾燥花、花草的盆器、電視。顏色是紅和紫。形狀是三角形或圓形。

火氣的九紫火星出生的人，在南邊放置上述的幸運項目可開運。

◉土氣

人——二黑土星出生的人。

五黃土星出生的人。

八白土星出生的人。

方位——西南、東北、中央。

物（幸運項目）——陶器類、袋類或皮包、壺罐或花瓶、民藝風格的家具、重疊箱、書箱、側邊板。顏色是自然色的米色、茶色、土黃色。形狀是四角形、長方形。

土氣的二黑、五黃、八白出生的人，若在東北或西南設置幸運項目可開運。不過，不要放置太多。盡量擺設具有重量感與安全感項目。與其滿屋子擺設裝飾品，不如保持整理得井然有序的清潔房屋較能開運。

◉金氣

人——六白金星出生的人。

七赤金星出生的人。

方位——西和西北。

物（幸運項目）——鏡子、水晶玻璃的花瓶或煙灰缸、金庫、汽車或飛機模型、金、銀的食器、ＯＡ機器、傘、寶石。顏色是白、銀、黃金。形狀圓、正圓、球形。

金氣的六白、七赤出生的人，在西和西北設置幸運項目能開運。

◉水氣

人——一白水星出生的人。

方位——北。

物（幸運項目）——水墨畫、書畫、弓、金魚缸、魚槽、小鳥、冰箱。顏色是黑。形狀不拘，小而低矮比大型物件好。

水氣的一白水星出生的人，在北設置幸運項目可開運。水氣最忌諱汙穢，若不隨時保持清潔則無法開運。

利用觀葉植物可化凶為吉

使凶相的家相轉為吉相時最常使用的是樹木。為了彌補住宅凹缺部份而種植樹木，在三角形土地的三角部份種植樹木也是為了掩飾凶意。

植物具有化凶為吉的神通，不僅如此，還具有吸收人類所吐出的二氧化碳、輸送新鮮氧氣的功效。另外，樹木或花草可以緩和居住者的心情，使人產生和睦之氣。

植物和人類在大自然中保持共存共榮的關係。生物中的植物所散發的氣力非同小可。若能巧妙地給予運用即可增強運勢。

基本上，任何植物都不會產生凶相，但是，其中也有成為凶相者，應特別注意。另外，設置在房間內，根據擺設的方位也可能成為吉或凶。如果只是一時興起購置盆栽，並不給予照料而任由枯萎，不如不擺的好。

如果在房間內擺置花盆，或箱狀盆栽，以東、東南、南的方位最好。其次是土氣的西南。雖然東北也是土氣，但是，由於無法獲得充分的日照，對植物而言並非好的方位。如果執意要裝飾在東北的方位時，最好選擇橡膠樹或觀葉植物而非花草。

西和西北的方位最好擺設插在花瓶上的花。不過，條件是每天必須勤快的換水。如果任由水質腐爛，毋寧不要擺飾花朵。

北是水氣的方位，如果裝飾花朵恐怕會增強水氣，應儘量避免。這時最好選擇沒有直接日曬也無妨的植物。

觀葉植物若置在東的方位，會產生幹勁泉湧的效果而促成工作的發展。設置於東南的方位時，居住者的才能會獲得認可，受到眾人的矚目而成為大家親近的對象。女性可結良緣。若置於南方，居住者的工作能力會受上司的賞識，可以因此而平步青雲。

另外，設置於西南的方位時，失業中的人會找到好工作，渴望轉職的人有跳槽的機會。西邊有休閒運，西北的精神力會增強，可以維持地位或權力。

以下列記各出生星別的匹配性良好的植物，以供參考。

◉適合一白水星出生者的植物

柊、寒椿、紅梅、藤花、水仙、福壽草、蘭、水草、玫瑰、山椒、薊、仙人掌、有針刺的植物、水中．濕地帶的植物。

◉適合二黑土星出生者的植物

枸杞、梅、棗、木犀樹、牡丹、芍藥、藥草、苔、竹、黑壇、黃色花、鳶尾科之植物、水仙、菊、三色紫羅蘭等。

◉適合三碧木星出生者的植物

椿、枸杞、橘、茶、芒、竹、橡膠樹、幸福樹、觀葉植物。

◉適合四綠木星出生者的植物

桐、桃、枸杞、杉、栗、竹、蘭、茶、百合、玫瑰、香木、藤草、菖蒲、牽牛花、鐵線蓮、絲瓜、葫蘆、汽球藤、有藤植物等為吉。

◉適合五黃土星出生者的植物

櫻花草、三色紫羅蘭、百合、玫瑰、向日葵、蕺、菊、藥草、天竺牡丹、球根栽培的植物、多年草的花等為吉。

◉適合六白金星出生者的植物

松、柏、栗、榆、柑、石榴、橙、棉木、藥草、菊、撫子、大波斯菊、桔梗、有果實之樹等為吉。

◉適合七赤金出生者的植物

榆、棗、出梔子、石榴、桔梗、月見草、萩、撫子、芒、女郎花、葛、牽牛花等。

◉適合八白土星出生者的植物

梅、金柑、藤、絲瓜、百合、竹、葫蘆、菊、鐵線蓮、水仙、大波斯菊、牽牛花、有藤的植物、黃花等為吉。

◉適合九紫火星出生者的植物

梅、棗、柿、蘋果、紅葉、紫陽花、牡丹、芍藥、牡丹、孔雀草、楠、五月草、杜鵑花、花類等幾乎都為吉。

利用幸運顏色掌握運勢

即使家相不好也很難立即改造。尤其住在公寓的人改造住宅更為困難。碰到這種狀況，只要把自己房間的窗簾或床罩改成幸運的顏色，就可避免凶相。無法熟睡的人、經常浮躁不安的人、做事常失敗的人、運勢不好的人利用幸運的顏色統一自己房間，則可開運。

千萬不要認為「利用這種方法都能開展運勢，簡直胡扯」而蔑視之。相信它並付諸實行的人，一定可以掌握幸運的機會。

以下列示各九星別的基本顏色和幸運顏色。

◉一白水星出生的人

基本色是黑和灰。幸運顏色是白、黃金、粉紅。相反地，渴望精紳鬆弛時在裝璜上添加藍色系、綠色系的顏色則能獲得心靈的平靜。

◉二黑土星出生的人

基本色是土黃色和米色。幸運顏色是紅、紫、橘。渴望精神鬆弛時最好選擇白或銀色系的顏色。

◎三碧木星出生的人

基本色是綠和藍。幸運顏色是紅和紫。黑和灰也能產生安定感而引起幹勁。渴望精神鬆弛時，利用綠色系或藍色系統一裝璜的顏色。

◎四綠木星出生的人

基本色是綠和藍。幸運顏色是紅和紫色系的顏色，兩者做重點式的裝璜使用更佳。明亮的灰色系也有效果。渴望精神鬆弛時可選擇淡綠色或藍色系的顏色。

◎五黃土星出生的人

基本色的是土黃色和米色。幸運顏色是紅、紫、橘。使用這些顏色會產生積極性。相反的，心浮氣躁時若使用白、銀、灰色則可獲得鬆弛。

◎六白金星出生的人

基本色是白、銀、黃金。幸運顏色是土黃色或棕色、酒紅色。渴望鬆弛身心時，可在裝璜的一部份添加黑或灰色。

◎七赤金星出生的人

基本色是白、紅、黃金色。幸運顏色是土黃色或橙色、棕色。若要消除精神壓力，使用黑或灰色可獲得鬆弛。

◉八白土星出生的人

基本色是土黃色。幸運顏色是紅和紫色。當親子關係出現齟齬時，裝璜使用白或淡綠色可緩和情緒。

◉九紫火星出生的人

基本色是紅和紫。幸運顏色是綠色系或藍色系。使用這類顏色可掌握機會。心浮氣躁時利用土黃色、米色系的顏色可獲得鬆弛。

如上所述九星各有其基本顏色，也有增強自己氣力的幸運顏色。活用幸運顏色而使運勢轉好就是所謂的裝璜開運法。

若考慮房間整體的裝璜顏色時，成為底色的顏色應該是自己出生星座的基本色。秘訣是使用淡調的顏色，使整個房間變得明朗。

譬如，一白水星出生的人其基本色是黑色。但是，不可因為黑色適合自己而挑選全是黑色的家俱、黑色地毯、連床罩也是黑色。並不需要把整個房間弄成一片烏黑的感覺。如此一來，反而會令人感到消沈。若要開運應利用接近於白色的灰，統一房間整體的顏色，而且必須是具有明亮感的灰色。而黑色只要做為重點顏色添加其上即可。

同樣地，紅色是基本色時以淡調的粉紅色系為底色，再利用紅色的電視機做為重點裝飾即可。

若想更積極地掌握運勢的人，則將自己的幸運顏色做為重點裝飾。譬如，時鐘、花瓶、桌巾、椅墊等小物品上採用幸運顏色即可產生行動力。

問題乃在於該如何才能使自己的運勢轉好。不過，請不要哀嘆自己的運勢不好，事實上如前所述只要動點腦筋和努力即可使運勢轉好。

大展出版社有限公司
品冠文化出版社

圖書目錄

地址：台北市北投區(石牌)
致遠一路二段 12 巷 1 號
郵撥：01669551＜大展＞
19346241＜品冠＞

電話：(02) 28236031
28236033
28233123
傳真：(02) 28272069

・熱 門 新 知・品冠編號 67

1.	圖解基因與 DNA	（精）	中原英臣主編	230 元
2.	圖解人體的神奇	（精）	米山公啟主編	230 元
3.	圖解腦與心的構造	（精）	永田和哉主編	230 元
4.	圖解科學的神奇	（精）	鳥海光弘主編	230 元
5.	圖解數學的神奇	（精）	柳 谷 晃著	250 元
6.	圖解基因操作	（精）	海老原充主編	230 元
7.	圖解後基因組	（精）	才園哲人著	230 元
8.	圖解再生醫療的構造與未來		才園哲人著	230 元
9.	保護身體的免疫構造		才園哲人著	230 元

・生 活 廣 場・品冠編號 61

1.	366 天誕生星	李芳黛譯	280 元
2.	366 天誕生花與誕生石	李芳黛譯	280 元
3.	科學命相	淺野八郎著	220 元
4.	已知的他界科學	陳蒼杰譯	220 元
5.	開拓未來的他界科學	陳蒼杰譯	220 元
6.	世紀末變態心理犯罪檔案	沈永嘉譯	240 元
7.	366 天開運年鑑	林廷宇編著	230 元
8.	色彩學與你	野村順一著	230 元
9.	科學手相	淺野八郎著	230 元
10.	你也能成為戀愛高手	柯富陽編著	220 元
11.	血型與十二星座	許淑瑛編著	230 元
12.	動物測驗——人性現形	淺野八郎著	200 元
13.	愛情、幸福完全自測	淺野八郎著	200 元
14.	輕鬆攻佔女性	趙奕世編著	230 元
15.	解讀命運密碼	郭宗德著	200 元
16.	由客家了解亞洲	高木桂藏著	220 元

・女醫師系列・品冠編號 62

1.	子宮內膜症	國府田清子著	200 元
2.	子宮肌瘤	黑島淳子著	200 元

3.	上班女性的壓力症候群	池下育子著	200元
4.	漏尿、尿失禁	中田真木著	200元
5.	高齡生產	大鷹美子著	200元
6.	子宮癌	上坊敏子著	200元
7.	避孕	早乙女智子著	200元
8.	不孕症	中村春根著	200元
9.	生理痛與生理不順	堀口雅子著	200元
10.	更年期	野末悅子著	200元

・傳統民俗療法・品冠編號 63

1.	神奇刀療法	潘文雄著	200元
2.	神奇拍打療法	安在峰著	200元
3.	神奇拔罐療法	安在峰著	200元
4.	神奇艾灸療法	安在峰著	200元
5.	神奇貼敷療法	安在峰著	200元
6.	神奇薰洗療法	安在峰著	200元
7.	神奇耳穴療法	安在峰著	200元
8.	神奇指針療法	安在峰著	200元
9.	神奇藥酒療法	安在峰著	200元
10.	神奇藥茶療法	安在峰著	200元
11.	神奇推拿療法	張貴荷著	200元
12.	神奇止痛療法	漆 浩 著	200元
13.	神奇天然藥食物療法	李琳編著	200元

・常見病藥膳調養叢書・品冠編號 631

1.	脂肪肝四季飲食	蕭守貴著	200元
2.	高血壓四季飲食	秦玖剛著	200元
3.	慢性腎炎四季飲食	魏從強著	200元
4.	高脂血症四季飲食	薛輝著	200元
5.	慢性胃炎四季飲食	馬秉祥著	200元
6.	糖尿病四季飲食	王耀獻著	200元
7.	癌症四季飲食	李忠著	200元
8.	痛風四季飲食	魯焰主編	200元
9.	肝炎四季飲食	王虹等著	200元
10.	肥胖症四季飲食	李偉等著	200元
11.	膽囊炎、膽石症四季飲食	謝春娥著	200元

・彩色圖解保健・品冠編號 64

1.	瘦身	主婦之友社	300元
2.	腰痛	主婦之友社	300元
3.	肩膀痠痛	主婦之友社	300元

4.	腰、膝、腳的疼痛	主婦之友社	300 元
5.	壓力、精神疲勞	主婦之友社	300 元
6.	眼睛疲勞、視力減退	主婦之友社	300 元

・心想事成・品冠編號 65

1.	魔法愛情點心	結城莫拉著	120 元
2.	可愛手工飾品	結城莫拉著	120 元
3.	可愛打扮 & 髮型	結城莫拉著	120 元
4.	撲克牌算命	結城莫拉著	120 元

・少年偵探・品冠編號 66

1.	怪盜二十面相	（精）	江戶川亂步著	特價 189 元
2.	少年偵探團	（精）	江戶川亂步著	特價 189 元
3.	妖怪博士	（精）	江戶川亂步著	特價 189 元
4.	大金塊	（精）	江戶川亂步著	特價 230 元
5.	青銅魔人	（精）	江戶川亂步著	特價 230 元
6.	地底魔術王	（精）	江戶川亂步著	特價 230 元
7.	透明怪人	（精）	江戶川亂步著	特價 230 元
8.	怪人四十面相	（精）	江戶川亂步著	特價 230 元
9.	宇宙怪人	（精）	江戶川亂步著	特價 230 元
10.	恐怖的鐵塔王國	（精）	江戶川亂步著	特價 230 元
11.	灰色巨人	（精）	江戶川亂步著	特價 230 元
12.	海底魔術師	（精）	江戶川亂步著	特價 230 元
13.	黃金豹	（精）	江戶川亂步著	特價 230 元
14.	魔法博士	（精）	江戶川亂步著	特價 230 元
15.	馬戲怪人	（精）	江戶川亂步著	特價 230 元
16.	魔人銅鑼	（精）	江戶川亂步著	特價 230 元
17.	魔法人偶	（精）	江戶川亂步著	特價 230 元
18.	奇面城的秘密	（精）	江戶川亂步著	特價 230 元
19.	夜光人	（精）	江戶川亂步著	特價 230 元
20.	塔上的魔術師	（精）	江戶川亂步著	特價 230 元
21.	鐵人Q	（精）	江戶川亂步著	特價 230 元
22.	假面恐怖王	（精）	江戶川亂步著	特價 230 元
23.	電人M	（精）	江戶川亂步著	特價 230 元
24.	二十面相的詛咒	（精）	江戶川亂步著	特價 230 元
25.	飛天二十面相	（精）	江戶川亂步著	特價 230 元
26.	黃金怪獸	（精）	江戶川亂步著	特價 230 元

・武術特輯・大展編號 10

1.	陳式太極拳入門	馮志強編著	180 元
2.	武式太極拳	郝少如編著	200 元

3.	中國跆拳道實戰 100 例	岳維傳著	220 元
4.	教門長拳	蕭京凌編著	150 元
5.	跆拳道	蕭京凌編譯	180 元
6.	正傳合氣道	程曉鈴譯	200 元
8.	格鬥空手道	鄭旭旭編著	200 元
9.	實用跆拳道	陳國榮編著	200 元
10.	武術初學指南	李文英、解守德編著	250 元
11.	泰國拳	陳國榮著	180 元
12.	中國式摔跤	黃　斌編著	180 元
13.	太極劍入門	李德印編著	180 元
14.	太極拳運動	運動司編	250 元
15.	太極拳譜	清・王宗岳等著	280 元
16.	散手初學	冷　峰編著	200 元
17.	南拳	朱瑞琪編著	180 元
18.	吳式太極劍	王培生著	200 元
19.	太極拳健身與技擊	王培生著	250 元
20.	秘傳武當八卦掌	狄兆龍著	250 元
21.	太極拳論譚	沈　壽著	250 元
22.	陳式太極拳技擊法	馬　虹著	250 元
23.	二十四式 三十二式 太極 拳 劍	闞桂香著	180 元
24.	楊式秘傳 129 式太極長拳	張楚全著	280 元
25.	楊式太極拳架詳解	林炳堯著	280 元
26.	華佗五禽劍	劉時榮著	180 元
27.	太極拳基礎講座：基本功與簡化 24 式	李德印著	250 元
28.	武式太極拳精華	薛乃印著	200 元
29.	陳式太極拳拳理闡微	馬　虹著	350 元
30.	陳式太極拳體用全書	馬　虹著	400 元
31.	張三豐太極拳	陳占奎著	200 元
32.	中國太極推手	張　山主編	300 元
33.	48 式太極拳入門	門惠豐編著	220 元
34.	太極拳奇人奇功	嚴翰秀編著	250 元
35.	心意門秘籍	李新民編著	220 元
36.	三才門乾坤戊己功	王培生編著	220 元
37.	武式太極劍精華＋VCD	薛乃印編著	350 元
38.	楊式太極拳	傅鐘文演述	200 元
39.	陳式太極拳、劍 36 式	闞桂香編著	250 元
40.	正宗武式太極拳	薛乃印著	220 元
41.	杜元化＜太極拳正宗＞考析	王海洲等著	300 元
42.	＜珍貴版＞陳式太極拳	沈家楨著	280 元
43.	24 式太極拳＋VCD	中國國家體育總局著	350 元
44.	太極推手絕技	安在峰編著	250 元
45.	孫祿堂武學錄	孫祿堂著	300 元
46.	＜珍貴本＞陳式太極拳精選	馮志強著	280 元
47.	武當趙堡太極拳小架	鄭悟清傳授	250 元

48. 太極拳習練知識問答　邱丕相主編　220 元
49. 八法拳 八法槍　武世俊著　220 元
50. 地趟拳＋VCD　張憲政著　350 元
51. 四十八式太極拳＋VCD　楊 靜演示　400 元
52. 三十二式太極劍＋VCD　楊 靜演示　300 元
53. 隨曲就伸 中國太極拳名家對話錄　余功保著　300 元
54. 陳式太極拳五功八法十三勢　闞桂香著　200 元
55. 六合螳螂拳　劉敬儒等著　280 元
56. 古本新探華佗五禽戲　劉時榮編著　180 元
57. 陳式太極拳養生功＋VCD　陳正雷著　350 元
58. 中國循經太極拳二十四式教程　李兆生著　300 元
59. ＜珍貴本＞太極拳研究　唐豪・顧留馨著　250 元
60. 武當三豐太極拳　劉嗣傳著　300 元
61. 楊式太極拳體用圖解　崔仲三編著　400 元
62. 太極十三刀　張耀忠編著　230 元
63. 和式太極拳譜＋VCD　和有祿編著　450 元
64. 太極內功養生術　關永年著　300 元
65. 養生太極推手　黃康輝編著　280 元
66. 太極推手祕傳　安在峰編著　300 元
67. 楊少侯太極拳用架真詮　李璉編著　280 元
68. 細說陰陽相濟的太極拳　林冠澄著　350 元
69. 太極內功解祕　祝大彤編著　280 元

・彩色圖解太極武術・大展編號 102

1. 太極功夫扇　李德印編著　220 元
2. 武當太極劍　李德印編著　220 元
3. 楊式太極劍　李德印編著　220 元
4. 楊式太極刀　王志遠著　220 元
5. 二十四式太極拳（楊式）＋VCD　李德印編著　350 元
6. 三十二式太極劍（楊式）＋VCD　李德印編著　350 元
7. 四十二式太極劍＋VCD　李德印編著　350 元
8. 四十二式太極拳＋VCD　李德印編著　350 元
9. 16 式太極拳 18 式太極劍＋VCD　崔仲三著　350 元
10. 楊氏 28 式太極拳＋VCD　趙幼斌著　350 元
11. 楊式太極拳 40 式＋VCD　宗維潔編著　350 元
12. 陳式太極拳 56 式＋VCD　黃康輝等著　350 元
13. 吳式太極拳 45 式＋VCD　宗維潔編著　350 元
14. 精簡陳式太極拳 8 式、16 式　黃康輝編著　220 元
15. 精簡吳式太極拳＜36 式拳架・推手＞　柳恩久主編　220 元
16. 夕陽美功夫扇　李德印著　220 元
17. 綜合 48 式太極拳＋VCD　竺玉明編著　350 元
18. 32 式太極拳（四段）　宗維潔演示　220 元

・國際武術競賽套路・大展編號 103

1.	長拳	李巧玲執筆	220 元
2.	劍術	程慧琨執筆	220 元
3.	刀術	劉同為執筆	220 元
4.	槍術	張躍寧執筆	220 元
5.	棍術	殷玉柱執筆	220 元

・簡化太極拳・大展編號 104

1.	陳式太極拳十三式	陳正雷編著	200 元
2.	楊式太極拳十三式	楊振鐸編著	200 元
3.	吳式太極拳十三式	李秉慈編著	200 元
4.	武式太極拳十三式	喬松茂編著	200 元
5.	孫式太極拳十三式	孫劍雲編著	200 元
6.	趙堡太極拳十三式	王海洲編著	200 元

・導引養生功・大展編號 105

1.	疏筋壯骨功＋VCD	張廣德著	350 元
2.	導引保建功＋VCD	張廣德著	350 元
3.	頤身九段錦＋VCD	張廣德著	350 元
4.	九九還童功＋VCD	張廣德著	350 元
5.	舒心平血功＋VCD	張廣德著	350 元
6.	益氣養肺功＋VCD	張廣德著	350 元
7.	養生太極扇＋VCD	張廣德著	350 元
8.	養生太極棒＋VCD	張廣德著	350 元
9.	導引養生形體詩韻＋VCD	張廣德著	350 元
10.	四十九式經絡動功＋VCD	張廣德著	350 元

・中國當代太極拳名家名著・大展編號 106

1.	李德印太極拳規範教程	李德印著	550 元
2.	王培生吳式太極拳詮真	王培生著	500 元
3.	喬松茂武式太極拳詮真	喬松茂著	450 元
4.	孫劍雲孫式太極拳詮真	孫劍雲著	350 元
5.	王海洲趙堡太極拳詮真	王海洲著	500 元
6.	鄭琛太極拳道詮真	鄭琛著	450 元

・古代健身功法・大展編號 107

1.	練功十八法	蕭凌編著	200 元
2.	十段錦運動	劉時榮編著	180 元

3. 二十八式長壽健身操　劉時榮著　180 元
4. 簡易太極拳健身功　王建華著　200 元

・名師出高徒・大展編號 111

1. 武術基本功與基本動作　劉玉萍編著　200 元
2. 長拳入門與精進　吳彬等著　220 元
3. 劍術刀術入門與精進　楊柏龍等著　220 元
4. 棍術、槍術入門與精進　邱丕相編著　220 元
5. 南拳入門與精進　朱瑞琪編著　220 元
6. 散手入門與精進　張山等著　220 元
7. 太極拳入門與精進　李德印編著　280 元
8. 太極推手入門與精進　田金龍編著　220 元

・實用武術技擊・大展編號 112

1. 實用自衛拳法　溫佐惠著　250 元
2. 搏擊術精選　陳清山等著　220 元
3. 秘傳防身絕技　程崑彬著　230 元
4. 振藩截拳道入門　陳琦平著　220 元
5. 實用擒拿法　韓建中著　220 元
6. 擒拿反擒拿 88 法　韓建中著　250 元
7. 武當秘門技擊術入門篇　高翔著　250 元
8. 武當秘門技擊術絕技篇　高翔著　250 元
9. 太極拳實用技擊法　武世俊著　220 元
10. 奪凶器基本技法　韓建中著　220 元

・中國武術規定套路・大展編號 113

1. 螳螂拳　中國武術系列　300 元
2. 劈掛拳　規定套路編寫組　300 元
3. 八極拳　國家體育總局　250 元
4. 木蘭拳　國家體育總局　230 元

・中華傳統武術・大展編號 114

1. 中華古今兵械圖考　裴錫榮主編　280 元
2. 武當劍　陳湘陵編著　200 元
3. 梁派八卦掌（老八掌）　李子鳴遺著　220 元
4. 少林 72 藝與武當 36 功　裴錫榮主編　230 元
5. 三十六把擒拿　佐藤金兵衛主編　200 元
6. 武當太極拳與盤手 20 法　裴錫榮主編　220 元

・少林功夫・ 大展編號 115

1.	少林打擂秘訣	德虔、素法編著	300 元
2.	少林三大名拳 炮拳、大洪拳、六合拳	門惠豐等著	200 元
3.	少林三絕 氣功、點穴、擒拿	德虔編著	300 元
4.	少林怪兵器秘傳	素法等著	250 元
5.	少林護身暗器秘傳	素法等著	220 元
6.	少林金剛硬氣功	楊維編著	250 元
7.	少林棍法大全	德虔、素法編著	250 元
8.	少林看家拳	德虔、素法編著	250 元
9.	少林正宗七十二藝	德虔、素法編著	280 元
10.	少林瘋魔棍闡宗	馬德著	250 元
11.	少林正宗太祖拳法	高翔著	280 元
12.	少林拳技擊入門	劉世君編著	220 元
13.	少林十路鎮山拳	吳景川主編	300 元
14.	少林氣功秘集	釋德虔編著	220 元
15.	少林十大武藝	吳景川主編	450 元

・迷蹤拳系列・ 大展編號 116

1.	迷蹤拳（一）+VCD	李玉川編著	350 元
2.	迷蹤拳（二）+VCD	李玉川編著	350 元
3.	迷蹤拳（三）	李玉川編著	250 元
4.	迷蹤拳（四）+VCD	李玉川編著	580 元
5.	迷蹤拳（五）	李玉川編著	250 元

・原地太極拳系列・ 大展編號 11

1.	原地綜合太極拳 24 式	胡啟賢創編	220 元
2.	原地活步太極拳 42 式	胡啟賢創編	200 元
3.	原地簡化太極拳 24 式	胡啟賢創編	200 元
4.	原地太極拳 12 式	胡啟賢創編	200 元
5.	原地青少年太極拳 22 式	胡啟賢創編	220 元

・道學文化・ 大展編號 12

1.	道在養生：道教長壽術	郝勤等著	250 元
2.	龍虎丹道：道教內丹術	郝勤著	300 元
3.	天上人間：道教神仙譜系	黃德海著	250 元
4.	步罡踏斗：道教祭禮儀典	張澤洪著	250 元
5.	道醫窺秘：道教醫學康復術	王慶餘等著	250 元
6.	勸善成仙：道教生命倫理	李剛著	250 元
7.	洞天福地：道教宮觀勝境	沙銘壽著	250 元
8.	青詞碧簫：道教文學藝術	楊光文等著	250 元

9. 沈博絕麗：道教格言精粹　　朱耕發等著　250 元

・易學智慧・大展編號 122

1. 易學與管理　　余敦康主編　250 元
2. 易學與養生　　劉長林等著　300 元
3. 易學與美學　　劉綱紀等著　300 元
4. 易學與科技　　董光壁著　280 元
5. 易學與建築　　韓增祿著　280 元
6. 易學源流　　鄭萬耕著　280 元
7. 易學的思維　　傅雲龍等著　250 元
8. 周易與易圖　　李申著　250 元
9. 中國佛教與周易　　王仲堯著　350 元
10. 易學與儒學　　任俊華著　350 元
11. 易學與道教符號揭秘　　詹石窗著　350 元
12. 易傳通論　　王博著　250 元
13. 談古論今說周易　　龐鈺龍著　280 元
14. 易學與史學　　吳懷祺著　230 元
15. 易學與天文　　盧央著　230 元
16. 易學與生態環境　　楊文衡著　230 元
17. 易學與中國傳統醫學　　蕭漢民著　280 元

・神算大師・大展編號 123

1. 劉伯溫神算兵法　　應涵編著　280 元
2. 姜太公神算兵法　　應涵編著　280 元
3. 鬼谷子神算兵法　　應涵編著　280 元
4. 諸葛亮神算兵法　　應涵編著　280 元

・鑑往知來・大展編號 124

1. 《三國志》給現代人的啟示　　陳羲主編　220 元
2. 《史記》給現代人的啟示　　陳羲主編　220 元
3. 《論語》給現代人的啟示　　陳羲主編　220 元

・秘傳占卜系列・大展編號 14

1. 手相術　　淺野八郎著　180 元
2. 人相術　　淺野八郎著　180 元
3. 西洋占星術　　淺野八郎著　180 元
4. 中國神奇占卜　　淺野八郎著　150 元
5. 夢判斷　　淺野八郎著　150 元
7. 法國式血型學　　淺野八郎著　150 元
8. 靈感、符咒學　　淺野八郎著　150 元